LA
SERVANTE
MAITRESSE.

1721

NOUVELLES PUBLICATIONS.

MADAME DE PARABÈRE. 2 vol. in-8. — 15 fr.
LES AMOURS D'UN POËTE, par Touchard-Lafosse. 2 vol. in-8. — 15 fr.
LE BOSQUET DE ROMAINVILLE, par *le même*. 2 vol. in-8. 15 fr.
LES RÉVERBÈRES, Chroniques de nuit du vieux et du nouveau Paris, par *le même*. 6 vol. in-8. — 45 fr.
LA PUDEUR ET L'OPÉRA, par *le même*. 2e édition. 4 vol. in-12. — 12 fr.
LA FLEURISTE, par A. Guérin. 2 vol. in-8. — 15 fr.
LE MARI DE LA REINE, par *le même*. 2 vol. in-8. — 15 fr.
UNE ACTRICE, par *le même*. 2 vol. in-8. — 15 fr.
LES DEUX CARTOUCHES, par *le même*. 4 vol. in-12. 12 fr.
LE SERGENT DE VILLE, par *le même*. 2 vol. in-8. — 15 fr.
L'IMPRIMEUR, par *le même*. 5 vol. in-12. — 15 fr.
LA GRANDE DAME ET LA JEUNE FILLE, par Maximilien Perrin. 2 vol. in-8. — 15 fr.
LE PRÊTRE ET LA DANSEUSE, par *le même*. 2e édition. 4 vol. in-12. — 12 fr.
LA FEMME ET LA MAITRESSE, par *le même*. 4 vol. in-12. 12 fr.
LES MAUVAISES TÊTES, par *le même*. 2 vol. in-8. 15 fr.
LES SOIRÉES D'UNE GRISETTE, 2e édition, par *le même*. 4 vol. in-12. — 12 fr.
LA VIE DU MONDE, par Maire. 4 vol. in-12. — 12 fr.
LE PRINCE ET SON VALET DE CHAMBRE, par *le même*. 5 vol. in-12. — 15 fr.
L'OBLIGEANT, par Raban. 3 vol. in-12. — 9 fr.
BRANCHE DE BRUYÈRES, par madame Aimée Harel. 4 vol. in-12. — 12 fr.
LES CHEVALIERS D'INDUSTRIE, par H. Vallé. 4 vol. in-12. — 12 fr.

LA
SERVANTE
MAITRESSE,

Mœurs populaires,

PAR MAXIMILIEN PERRIN,

AUTEUR DE LA GRANDE DAME ET LA JEUNE FILLE, DES MAUVAISES
TÊTES, DU PRÊTRE ET LA DANSEUSE, DES SOIRÉES
D'UNE GRISETTE, DE LA FEMME
ET LA MAITRESSE.

TOME PREMIER.

Paris,

CHARLES LACHAPELLE, ÉDITEUR,
RUE SAINT-JACQUES, 75.

1836.

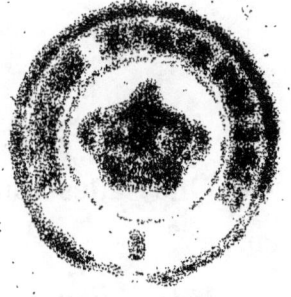

I.

Le Télescope.

— Que faites-vous donc là, monsieur Georges?

— Paix, silence, madame Giroux; ne voyez-vous pas qu'avec cet instrument j'étudie les beautés du firmament?

— Ah, bah! Comment, avec cette grande lunette, il vous est possible de voir ce qui se passe si haut?

— Oui, madame Giroux; mais de grâce allez-vous-en, je n'ai en ce moment aucun besoin de votre ministère; laissez-moi poursuivre mes observations célestes.

— J'obéis, monsieur Georges, j'obéis : mais avant, permettez à votre humble servante de vous faire une toute petite demande.

— Parlez vîte.

— Puisque monsieur, par le moyen de ce tuyau et de ces petits ronds de verres, a le pouvoir de connaître ce qui est là-haut, peut-être bien qu'il pourrait me tranquilliser au sujet de c'te gueuse de comète, qui, dit-on depuis trente ans, doit nous engloutir l'année prochaine, et de laquelle j'ai une peur, mais une peur affreuse.

— Sottises, madame Giroux, ne craignez rien, ladite comète est encore si loin de notre globe, que les générations présentes et futures auront le temps de mourir de vieillesse avant son arrivée.

— Ah! je respire: merci monsieur, maintenant, lorsque madame Brinchet, la portière de la maison voisine, viendra me rompre la tête et me communiquer ses frayeurs au sujet de ce métor.

— Météore, madame Giroux.

— Oui, monsieur, de ce météore, je saurai...

— Pour Dieu! madame Giroux, me laisserez-vous en repos? s'écrie le jeune homme avec impatience; retournez à votre loge, et dorénavant ne venez pas m'interrompre sans sujet.

— Sans sujet, répond la portière d'un air piqué; sachez monsieur, que je ne me permets jamais de monter chez mes locataires sans de justes motifs.

— Alors, qui vous amène ce soir dans ma chambre? parlez, expliquez-vous; et surtout prenez garde, car avec votre coude vous dérangez mon télescope.

— Je venais, monsieur, causer un petit instant au sujet de c'te dame qui demeure de l'autre côté de la rue, et dont les fenêtres sont situées presqu'en face des vôtres.

— Ah, oui ! répond Georges, cette dame que je crois reconnaître pour une parente éloignée.

— Eh ben! monsieur, Giroux, mon mari, qui chaque matin boit le vin blanc avec le portier de la maison qu'habite c'te dame, s'est, d'après vos ordres, informé du nom de c'te locataire, et je venais vous dire qu'elle se nomme madame... madame... ah! mon Dieu, comment donc? v'là que je ne m'en rappelle plus.

— Madame Giroux, vous êtes bien la portière la plus insupportable qui existe dans les douze arrondissemens de Paris, jamais vous ne vous rappelez le nom de qui que ce soit.

— Patience, monsieur ; madame... madame Saint... Laurent... Saint... Saint-Géran... c'est çà, Saint-Géran, épouse d'un ancien colonel, mort dans les campagnes de France. La chère dame, a-t-on dit à Giroux, mon mari, ne possède qu'un revenu très insuffisant à son existence et à celle de sa jeune et jolie demoiselle, âgée de dix-sept ans ; mais madame de Saint-Géran, lancée dans le beau monde, la haute société, exploite le crédit de ses brillantes connaissances, et procure à ceux qui en ont besoin de beaux et bons emplois, moyennant ce qu'on appelle un pot de vin, ou cadeau de remerciment lorsque la place est accordée. Ainsi donc, monsieur, vous voyez que cette femme-là n'est autre chose qu'une intrigante, et que vous vous êtes fortement trompé en la prenant pour une personne de votre noble famille, car, moi, voyez-vous, j'ai la plus mauvaise opinion de ces gens qui se mêlent comme çà...

— Assez, assez, madame Giroux, j'ai désiré les renseignemens que vous venez de me donner parce qu'il était nécessaire d'éclaircir mes doutes de parenté avec cette personne, mais non connaître votre opinion sur des gens qui me sont étrangers. Sortez, et n'oubliez pas de me faire éveiller demain matin à sept heures précises.

— Je n'y manquerai pas, monsieur, et je monterai moi-même votre déjeuner, afin de vous faire part des nouveaux renseignemens que Giroux, mon mari, aura pu recueillir dans la matinée.

— J'en sais assez, madame Giroux, et dispense votre mari d'en apprendre davantage : cette dame, je le vois, m'est étrangère, et à ce titre, ses affaires ne me regardent nullement.

En disant ces dernières paroles, Georges congédia la portière et après avoir fermé la porte sur elle, vint aussitôt se replacer à son télescope pour continuer les observations que l'arrivée de madame Giroux avait interrompues.

Depuis plus d'une heure, l'œil du jeune astronome est collé sur le verre du télescope, et tout entier à sa contemplation, c'est par de longs et tendres soupirs, par des mouvemens de joie, de surprise, des hélas! réitérés mainte et mainte fois qu'il rend hommage au sublime Créateur de la voûte azurée et étincelante de mille feux, dont ses regards semblent ne pouvoir se détacher.

Voilà, il faut l'avouer, un scientifique et agréable passe-temps, mais auquel se livrent fort peu les gens de l'âge de notre jeune homme. Ils sont trop occupés, ma foi! par les choses d'ici-bas, pour s'embarrasser de celles qui se passent là-haut; au fait, cette terre est si riche! tant de charmes, de grâces, de talens, de trésors la couvrent, que les regards captivés oublient qu'au-dessus il est d'autres merveilles. Franchement il faut l'avouer, une jolie femme est à mon avis un astre préférable cent fois à ceux qui peuplent notre firmament, et l'expression douce et tendre de deux beaux yeux vaut mieux et parle bien plus à l'âme, au cœur, aux sens, que le froid et continuel scintillement d'une pâle étoile.

Oh! oh! il paraît que Georges vient d'apercevoir quelque nouvel astre, car son attention semble redoubler; voyons!... O surprise! quelle erreur d'avoir pu penser un seul instant, qu'un jeune homme de vingt-un ans s'occupait sérieusement d'une science aussi abstraite que celle de l'astronomie, et qu'il négligeait les merveilles d'ici-bas pour ne penser qu'aux choses célestes.

Sachez donc que ce télescope, loin d'être braqué au firmament, est en cet instant dirigé vers les fenêtres faisant face à celles de l'observatoire, et que le perfide instrument pointé juste sur l'ouverture que forme la jonction de deux rideaux, permet au jeune homme de plonger ses regards indiscrets et profanes dans la chambre à coucher de madame Saint-Géran, et de jouir par ce moyen des mêmes avantages que le protégé du Diable boiteux.

— Charmante, en vérité! divine, adorable? s'écriait Georges à chaque minute, redoublant d'attention et l'œil collé sur le verre de son télescope

Que voyait donc notre jeune homme, pour s'extasier de telle sorte? Ce qu'il voyait?

Une jeune et jolie fille assise près du lit de sa mère, et faisant une lecture qu'elle interrompt souvent pour porter sur l'auteur de ses jours un regard dans lequel se peint l'intérêt, la sollicitude la plus tendre. La mère écoute la charmante lectrice, puis sourit à ses sourires, répond à ses paroles, et de sa main caresse le cou d'albâtre, les joues de roses de sa jeune compagne. Cette scène durait depuis long-temps, mais l'heure avancée rendant le repos impérieux, la mère n'écouta plus, ne caressa plus ; ses yeux se fermèrent, et Julie, car ainsi se nommait la gentille fillette, se leva doucement, doucement déposa un léger baiser sur le front de la dormeuse, s'agenouilla près du lit, pria avec ferveur et s'emparant ensuite de la lumière après avoir ranimé la veilleuse, s'éloigna à petit bruit jusqu'à sa chambrette, faisant suite à celle de sa maman, dont elle n'était séparée que par une simple cloison.

Une légère variation s'était opérée dans la direction du télescope et la scène avait changée, alors les regards de Georges plongeaient avec avidité dans l'asile, le sanctuaire de l'innocente et imprévoyante jeune fille, dont les rideaux à peine tirés laissaient, ainsi que chez sa mère, passage à l'indiscrétion.

Julie venait de placer son flambeau sur le marbre d'une commode, puis de se poser sur un siége, où pensive, rêveuse, elle demeura quelques instans immobile. La jeune fille vient de quitter sa place, d'ouvrir un tiroir, d'y prendre du papier, qui bientôt déchiré en morceaux reçoit peu à peu chaque boucle de sa blonde chevelure.

—Oh précieux instrument! s'écrie Georges en portant une main caressante sur le télescope, en ce moment, je ne voudrais être privé de ton secours pour tous les trésors du monde.

Il avait bien raison, ma foi! car son œil embrassait tout le réduit de la gentille fillette, dont la grâcieuse personne s'occupait de détacher collerettes, fichus, etc. Enfin tout ce qui cachait ses charmes accomplis et délicats.

—O ciel! que de trésors! s'écriait Georges, quel cou d'albâtre! quel charmante gorge! que d'attraits enchanteurs! de combien de baisers, de caresses je couvrirais ces joues si fraîches, ce cou, ce sein d'albâtre, ce... ce... Ah! quel malheur! la lumière vient de s'éteindre, plus rien, rien! qu'une profonde obscurité. Dors, dors en paix, ange de beauté, que des rêves de roses et d'amour accompagnent ton doux sommeil.

En disant et soupirant, Georges fermait sa fenêtre, puis un instant après, s'étant mis au lit, le sommeil vint fermer sa paupière et le surprendre dans ses amoureuses pensées.

II.

Mademoiselle Manette.

Malgré la recommandation, à madame Giroux, de monter l'éveiller de bonne heure, Georges n'avait point attendu l'exécution de cet ordre pour sauter à bas du lit; car l'amour et le désir d'assister, en perspective, au lever de sa Julie, avait été pour lui un excellent réveille-matin. Il n'était encore que six heures, et l'impatient jeune homme était déjà placé à l'observatoire, où, depuis près de qninze jours, il contemplait sans relâche les charmes et les actions de la jeune fille. Mais, hélas! rien ne bougeait encore dans la chambrette, et malheureusement pour Georges, le lit où devait en ce moment reposer la beauté qu'il adore, se trouvait situé hors la portée de sa vue. Il fallait donc se résoudre, et attendre qu'un réveil favorable livrât la belle à ses regards impatiens.

Décidément il faudra agir, se présenter chez cette madame de Saint-Géran; maintenant la chose me sera facile, grâce aux informations que j'ai fait prendre. Oui, le désir d'un emploi, le besoin d'une puissante protection serviront de prétexte à mon introduction. L'espoir d'une riche récompense, les égards, la galanterie me mériteront ensuite l'estime, la confiance de la mère, et sans nul doute, l'amour de sa charmante fille, puis, devenu intime de la maison, aimé de ma belle maîtresse, mon temps, alors, s'écoulera au sein du bonheur et de la volupté. Ainsi pensait Georges lorsque le bruit d'une fenêtre qu'on ouvrait dans le moment attira son attention, c'était Julie, oh! bonheur! et la jeune fille dans un charmant négligé se place au balcon. Vite! au télescope. Mais non, il est par trop bête d'admirer sans cesse en cachette, imitons-la, et qu'aujourd'hui même mes regards, en attirant les siens, essaient enfin à tenter la conquête.

Georges a dit, et aussitôt les deux coudes appuyés sur la rampe du balcon, le corps penché hors la fenêtre, et les yeux tendrement fixés sur la jeune fille, il attend que le hasard daigne vers lui diriger les siens. Diable! c'est comme un fait exprès, il a beau s'agiter, fredonner, tousser même, c'est comme si rien n'était, car Julie, la joue appuyée sur la main, et le regard fixé vers la rue, reste sourde et indifférente à ces vains efforts.

J'y suis! excellente idée! s'écrie Georges en quittant subitement la fenêtre; puis courant à une armoire, il atteint une flûte et revient aussitôt à son poste, en exécutant sur l'instrument quelques légers préludes. Bravo! ces sons harmonieux produisent l'effet attendu, Julie l'a fixé, continuons. Georges est d'une belle force sur son instrument, la présence de l'objet aimé double son savoir, et de sa flûte s'échappent les accens les plus suaves et les plus harmonieux.

Bien! très-bien! Julie, captivée par la douce mélodie paraît écouter avec ravissement, et ses regards arrêtés avec bienveillance sur le jeune musicien, semblent le remercier du plaisir qu'elle éprouve à l'entendre. Georges, heureux de sa présence, et jaloux de la conserver le plus de temps possible, se promettait de continuer la sérénade jusqu'à l'extinction totale de ses forces, lorsque sa sonnette agitée avec fracas vint, de son carillon, couvrir les sons mélodieux de sa flûte, et troublant sa mémoire, mettre fin à l'exécution d'un morceau qu'il commençait à peine.

— Maudit contre-temps! dit le jeune homme : qui est là?

— C'est moi, monsieur Georges, femme Giroux, qui vient vous éveiller et apporter votre déjeûner.

—Allez au diable! et laissez moi en repos,

— Plait-il?

— Allez au diable! vous dis-je.

En prononçant ces derniers mots le musicien retourna à sa fenêtre dans l'intention de reprendre son morceau; mais, hélas! peine inutile, la jeune fille avait disparu.

— Entrez, madame Giroux, et que le ciel vous bénisse, malgré le préjudice affreux que m'occasionne en ce moment votre malencontreuse arrivée.

— Que y a-t-il donc monsieur Georges, et en quoi votre servante peut-elle vous avoir nuie?

— Madame Giroux, une fois pour toutes, lorsque vous m'entendrez jouer de la flûte, veuillez ne plus m'interrompre.

— Cela suffit, monsieur; mais il fallait bien que je vous éveillasse, puisqu'hier, tel était votre volonté.

— Croyez-vous, madame Giroux, que je fasse de la musique en dormant? vous deviez bien penser, en entendant le son de cet instrument, que je ne vous avais pas attendu pour m'éveiller.

— C'est possible; mais si monsieur avait été hier, ainsi que moi, au théâtre de la Porte-Saint-Martin, et qu'il eût vu la pièce du *Monomane*, où l'avocat-général assassin par excès de délicatesse et de somnambulisme; il saurait qu'il y a des gens qui, en dormant, font des choses bien pires que de la musique.

— D'accord! mais je ne suis pas somnambule, madame Giroux, et lorsque j'agis, c'est que je suis éveillé. Mais laissons cela, et maintenant que vous avez préparé ma table et mon déjeûner, laissez-moi en repos et partez.

— Ah! ah! monsieur, à ce qu'il paraît, n'a pas envie de connaître les nouveaux renseignemens que M. Giroux, mon époux, a recueillis ce matin en prenant son petit vin blanc?

— Que m'importe! ne vous ai-je pas dit que cette dame Saint-Géran, n'était pas celle que je pensais, et qu'elle ne m'appartenait en rien?

— C'est égal, monsieur...

—Comment c'est égal? je ne vois pas qu'il me soit nécessaire, madame Giroux, de m'initier d'avantage dans les secrets des gens qui me sont indifférens; au surplus, que pourriez-vous m'apprendre? quelques méchancetés, de mauvais cancans forgés par la domesticité du quartier et débités devant le comptoir d'un marchand de vin?

— Du tout, monsieur, je n'aurais à vous raconter que des choses très louables sur le compte de la mère et de la fille.

— Alors, c'est différent, madame Giroux, quand il s'agit d'entendre dire du bien des autres, je suis tout oreille, et porté à le croire de préférence au mal.

— Je vous dirai donc, monsieur, reprend la portière enchantée de la permission et voulant en user largement, je vous dirai donc, que madame Saint-Géran est en cet instant extrêmement chagrinée, et la cause, la voici :

Monsieur de Saint-Géran, de son vivant, était un dissipateur qui contracta de fortes dettes, et mourut avant qu'il lui eût été possible de satisfaire ses nombreux créanciers; or donc, monsieur, un de ces derniers ne s'est-il pas avisé, il y a quelque temps, d'acheter à fort bon compte, comme vous devez bien le penser, les créances de ses confrères, et muni de ces titres, de sommer la veuve de payer dans les vingt-quatre heures.

— Sottise! dit Georges, interrompant la portière ; une femme, à moins qu'elle ne se soit engagée, ne peut répondre des dettes de son époux.

— Oui; mais malheureusement, soit par faiblesse ou peut-être par force, la pauvre dame eût jadis l'imprudence d'en reconnaître une grande partie.

— Diable! c'est différent, et aujourd'hui, ce cupide créancier menace d'arracher à la veuve ainsi qu'à l'orpheline leur dernière ressource ?

— Comme vous dites, monsieur, et ce n'est qu'à une seule condition que cet homme sans pitié consent à ne point achever la ruine totale de ces infortunées.

— Pauvres femmes ! et quelle est cette condition ?

— Une des plus extravagantes ; figurez-vous que cet homme, vieux et laid, ne demande pas moins que la main de mademoiselle Julie Saint-Géran.

— Le misérable ! s'écrie Georges avec fureur, prétendre à la possession d'un tel ange, d'une beauté si parfaite ! Non pas, j'y mettrai bon ordre, je l'enlèverai plutôt que de la voir passer dans les bras de ce vieux fou.

— Ah ! il paraît, monsieur, que vous vous intéressez fièrement à c'te demoiselle Julie et que j'ai bien fait de vous prévenir de tout ceci ?

— Ce que vous m'apprenez, madame Giroux, me donne envie de me lier avec ces dames ; leur sort m'intéresse : oui, je veux sauver Julie du sort affreux que lui préparerait une union aussi monstrueuse. Vous disiez hier soir que madame Saint-

Géran, répandue dans la haute société, faisait certain trafic des places que lui obtenaient ses brillantes connaissances?

— Oui, monsieur, je l'ai dit et ne m'en dédis pas ; de plus, j'ai ajouté et repète...

— Je conçois, qu'un cadeau récompense la protection, en cela rien de nouveau ni d'extraordinaire. De nos jours, ne voit-on pas de puissans personnages, de gros salariés, faire un trafic honteux des grâces dont le souverain les rend dispensateurs, celles enfin qui ne devraient être que la récompense du mérite et du dévouement à la patrie.

— A qui le dites-vous, monsieur Georges! car vous voyez devant vous une victime de ce honteux trafic.

— Vous, madame Giroux?

— Certainement monsieur, savez-vous qu'un infâme bureau de placement a eu l'indélicatesse de me faire payer cinq francs cinquante centimes, pour m'avoir procuré le modique emploi que j'occupe en cette maison. Quelle horreur! cinq francs cinquante une place de portière, et payer d'avance encore!

— Madame Giroux, avez-vous monté mes habits?

— Les voici, monsieur, battus et brossés de main de maître.

— Allons, laissez-moi, il faut que je m'habille de suite, j'ai à sortir.

— Ah! oui, pour sauver mademoiselle Julie, répond malignement la portière.

— Bon jour maman; votre servante, monsieur Georges, dit en entrant et saluant d'un air éveillé une jeune et jolie fille d'à-peu-près dix-huit ans, vêtue d'une robe d'indienne fort simple, et coiffée d'un petit bonnet de tulle blanc comme la neige et posé avec coquetterie sur la plus belle chevelure du monde.

— Tiens, v'la Manette, ma fille chérie!

— Oui, maman, mon vieux maître est

parti à la campagne, et m'a permis de venir passer la journée près de vous et de mon père. Excusez, monsieur Georges, si j'ai pris la liberté d'entrer chez vous; mais sachant que ma bonne mère y était et brûlant du désir de l'embrasser, je n'ai pu résister ni attendre davantage.

— Ma belle Manette, le motif est trop louable pour que je puisse le blâmer, ensuite la présence d'une jolie fille ne porte-t-elle pas bonheur et plaisir, qui donc s'en plaindrait?

— Vous êtes trop bon, monsieur, répond Manette en baissant les yeux avec timidité.

— Vous plaisez-vous, ma belle, dans votre condition, demande Georges à la jeune fille en lui prenant doucement la main : et votre maître, continue-t-il d'avoir pour vous les soins et les égards que votre bonne conduite vous méritent?

— Toujours, monsieur, mon maître est si bon qu'il me traite comme son enfant.

— C'est le prix de la sagesse, de la fidélité, et personne mieux que vous ne sait le mériter.

— Oh! monsieur! répond niaisement Manette en rougissant.

— T'as beau rougir, ma fille, mais c'est comme çà, et M. Georges a raison car t'es bien l'enfant le plus gentil qu'il existe au monde; oui, t'es sage, bonne, rangée; la preuve, c'est que sur trois cents francs de gages que tu reçois, sans compter les profits, tu n'en détournes pas un sou et que t'apporte tout à tes pauvres parens, heim! c'est joli çà, n'est-ce pas monsieur Georges?

— Admirable! et digne d'éloge, répond le jeune homme.

— C'est un devoir de soulager ses parens, lorsque le sort les a privés de fortune.

— Sans doute, c'est ton devoir et je suis loin de t'en blâmer, ma chère enfant.

— Mais, nous gênons monsieur Georges, retirons-nous, maman, ajoute la jeune fille en fixant le jeune homme, qui en ce moment va et vient dans la chambre en manifestant une vive impatience.

— T'as raison, mon enfant, monsienr Georges a affaire, descendons.

— Charmante Manette, en qualité d'admirateur de votre gentil minois et de vos bonnes qualités, permettez-moi, avant de nous quitter, de vous offrir ce gage de mon estime.

En disant, Georges passait au doigt de Manette une bague qu'il venait d'atteindre à son baguier, et la jeune fille timide et modeste recevait en silence, et le regard baissé, ce présent qu'accompagna un baiser pudipond.

III.

Le Serin envolé. La première Visite.

A peine madame Giroux et sa jolie fille furent elles sorties de la chambre, que Georges en ferma la porte avec promptitude et courut vers la fenêtre. Pourquoi? parce que depuis un quart-d'heure il avait aperçu Julie à la sienne, parce que la jeune fille, soit à dessein, soit par hasard, avait porté plusieurs fois ses regards vers la croisée du jeune musicien, quoiqu'en ce moment ses doigts délicats fussent occupés à prodiguer des soins à deux charmans petits serins enfermés dans une cage suspendue à la fenêtre, Julie a renouvelé les vivres de ses petits pensionnaires, et avant de s'en éloigner, voulant sans doute leur donner quelques caresses, de la main, essaie à les saisir, les oiseaux effrayés s'agitent, et cherchent en volant de tous côtés dans leur cage à éviter la main qui les menace, l'un d'eux se trouve enfin saisi. Qu'il est heureux! et combien Georges envie son sort! captif dans une main blanche et potelée, l'oiseau reçoit mille baisers que déposent sur sa tête, sur ses ailes, des lèvres divines, une bouche adorable.

— Hélas! quelle folie de prodiguer à un animal de si précieuses faveurs. qui pour lui ne sont qu'un motif d'effroi, tandis qu'une d'elles accordées à l'amant, suffirait seule pour embrâser son âme d'ivresse, de désir et d'amour.

Ah!... un cri vient de se faire entendre mais un cri d'effroi, de désespoir. Qu'est-ce donc? Un malheur affreux, affreux pour la jeune fille, car celui dont Georges enviait le bonheur, vient de tromper l'amour, la confiance de sa tendre maîtresse et de s'échapper de ses doigts. Il vole, s'éloigne sans pitié, et sourd aux plaintes, aux prières qu'une voix douce et suppliante lui adresse en implorant son retour, il franchit l'espace, fend l'air et vient étourdiment, après avoir traversé la rue, se poser sur la fenêtre de Georges.

— Monsieur, de grâce! je vous en supplie, rendez-moi mon oiseau, tâchez de le saisir; il est sur votre balcon.

Qu'a-t-elle besoin de tant implorer ce service! l'exaucer, n'est-ce pas le plus cher désir de Georges, et ne donnerait-il pas tous les oiseaux des quatre ou cinq parties du monde pour être maître de celui qu'en ce moment il voit sautiller à ses côtés, sous ses yeux? et dont le moindre geste, le moindre souffle vont causer la fuite et la perte inévitables.

— Diable de moineau! comment donc faire? Reste mon petit, au nom de l'amour, de Julie, ne t'envole plus, pourquoi fuir un esclavage que j'ambitionnerais comme le plus grand bonheur.

En pensant ainsi, Georges s'éloignait de la fenêtre, avec précaution, puis s'approchant de la table sur laquelle est placée la flûte du déjeûner, il s'en empare, la brise, en extrait la mie, et revient près du fugitif qu'il amorce en jetant quelques miettes de pain, que l'oiseau becte en s'avançant de plus en plus dans la chambre, une miette tombe sur le parquet, puis une autre, tant enfin, que le petit gourmand, séduit par cet appas, saute dans la chambre, et tandis que gaîment il ramasse sa nourriture, Georges, caché derrière le rideau, ferme subitement la croisée, et sans peine, s'empare ensuite du déserteur, qu'en triomphe il présente de loin à sa jeune maîtresse, en l'engageant à se rassurer. Julie, heureuse et contente, remercie le jeune homme par un gracieux sourire, puis lui exprime par geste qu'elle va envoyer chercher son oiseau.

— Non pas, ce n'est point ainsi que je l'entends se dit Georges; l'occasion est trop belle pour ne point en profiter, car c'est le dieu des amans qui me l'a procurée : vite ma toilette, et courons moi-même reporter ce fortuné volatile.

Le jeune homme est prêt à sortir; mais si matin, ne serait-ce pas maladroit, impoli même, de se présenter chez des dames? Sachons si le moment est propice. Aussitôt le télescope est braqué sur les fenêtres de madame Saint-Géran.

— Oui, je puis partir; la mère est levée, tout paraît en ordre dans le ménage... risquons sans plus attendre la première visite.

Pan! pan!

— Qui est là! demande Georges entendant frapper à sa porte.

— Monsieur, est-ce vous qui venez d'attrapper un petit serin sur votre fenêtre? Ma maîtresse m'envoie le réclamer près de votre complaisance, répond une voix au dehors.

— Oui, mademoiselle, c'est moi-même qui ne peux vous ouvrir en ce moment, étant en train de m'habiller, afin d'aller en personne restituer cet oiseau à ces dames.

— Alors, monsieur, je retourne annoncer à madame Saint-Géran, ainsi qu'à mademoiselle, votre bonne intention.

— Allez, ma chère, je vous suis.

Et la femme de chambre s'éloigna.

— Ouvrir, pas si sot! car alors il eut fallu restituer l'animal et perdre tout l'avantage de la circonstance.

Une heure se passe, non sans une

vive impatience, et Georges, après avoir repris l'oiseau, sort de chez lui, descend, traverse la rue, monte trois étages dans une maison assez ordinaire, tire la sonnette, et bientôt se voit introduit par une vieille chambrière, dans une étroite et obscure antichambre, dans laquelle on le laisse seul en le priant de vouloir bien attendre quelques instans.

— Donnez-vous la peine d'entrer, monsieur, et veuillez recevoir mes excuses sincères du mal que vous avez bien voulu prendre en rapportant vous-même ce petit volage.

— Auquel, mesdames, je rends mille grâces, puisque son ingratitude me procure en cet instant l'honneur de saluer mes aimables voisines.

— Donnez-vous donc la peine de vous reposer un moment, monsieur, reprend madame Saint-Géran, grande femme laide et sèche, en présentant un siége au jeune homme; Julie, débarrassez-donc monsieur de votre oiseau et remerciez-le de sa complaisance, ajoute la dame en s'adressant à la jeune fille, que la timidité retenait immobile et les yeux baissés à quelques distances du visiteur.

— Que de bontés! monsieur, prononce Julie en rougissant et présentant au jeune homme une main charmante dans laquelle il dépose le serin.

— Merci, monsieur ; sans vous je le perdais et mon regret eut été bien vif.

— Assurément, reprend madame Saint-Géran; c'est elle qui l'a élevé, c'est sa seule distraction, et je conçois la peine que lui aurait fait éprouver sa perte.

Pendant ces derniers mots, Julie, au grand déplaisir de Georges, a quitté le salon, sans doute afin d'aller remettre son serin en cage.

— Monsieur est de Paris?
— Oui, madame.

— Monsieur occupe un emploi?

— Non, madame, quelque aisance que m'a laissée ma famille, me permet d'être du nombre de ces heureux et indolens oisifs qu'on appelle rentiers. Je me nomme Georges Dalmon, fils d'un ancien référendaire de la Chambre des Comptes; orphelin dès l'enfance; âgé de vingt-quatre ans et maître absolu de mes actions et de quelques mille francs de rente.

— De la jeunesse et de l'indépendance, reprend la dame, mais c'est charmant.

— D'accord; mais cette indépendance, ce bien-être, procure souvent de grands ennuis!

— Monsieur voit donc peu de monde?

— Fort peu, madame, car je suis difficile sur le choix des amis et des connaissances; mais il ne tiendrait qu'à vous d'augmenter le petit nombre de ceux que je fréquente avec plaisir, en daignant m'admettre en votre aimable société.

— Tout le plaisir sera pour nous, monsieur, répond vivement madame Saint-Géran, peu maîtresse de dissimuler l'extrême joie que lui fait éprouver la demande du jeune homme. Croyez, monsieur, ajouta-t-elle, que ma fille et moi nous nous efforcerons à vous rendre notre maison agréable. Je reçois souvent, et je vous verrai avec satisfaction partager les soirées que je donne deux fois par semaine ; vous y rencontrerez des gens de la plus grande distinction ; de hauts fonctionnaires, de puissans personnages dont le crédit, la protection, et l'estime qu'ils me portent, ont été plus d'une fois utiles à mes amis. Vous êtes jeune, monsieur, et ce serait avoir des goûts trop modeste que de prétendre à votre âge, avec de l'esprit, des moyens, à vivre dans une éternelle inaction, lorsque la France a besoin du secours d'hommes capables ; il faut donc vous mettre sur les rangs de ceux qui brûlent d'être utiles à leur pays, solliciter quelque important emploi, le champ est vaste et ouvert à tous, ce serait faiblesse de ne point en profiter ; demandez donc, et fiez-vous à moi pour le succès.

— Oh ! oh ! nous y voilà et l'on m'a dit vrai, pensait Georges en écoutant la dame lui adresser ses offres à la première vue, et l'assommer de suite de sa protection en la lui jetant à la tête.

— Je m'estime heureux, madame, répond-il, de l'intérêt que vous daignez me témoigner ; mais de toutes ces bontés, je n'ambitionne que votre estime et n'accepte que le plaisir que vous m'offrez de partager votre aimable société : quant aux emplois, il est tant de gens auxquels le manque de fortune les rend nécessaires, que je me ferais scrupule, moi, possesseur d'une honnête aisance, d'en priver celui...

— Bah ! enfantillage, fausse délicatesse, vous dis-je, reprend la dame en interrompant Georges : vous êtes fortuné ? raison de plus pour postuler et obtenir une place aussi honorable que lucrative; un de ces postes enfin, qui ne peuvent être confiés qu'à des gens pourvus d'une position sociale.

— Je vous comprends, madame; ainsi va ce monde : au malheureux les modiques emplois, un salaire insuffisant aux besoins de sa nombreuse famille, pour lui, la peine, l'humiliation, les airs protecteurs d'une foule de chefs insolens et hautains; et à l'homme riche, indépendant, les places brillantes, les gros appointemens, le superflu et l'oisiveté.

— Monsieur Dalmon, en ce moment ne faites-vous pas le philosophe?

— Je m'en fais gloire madame.

— Je m'en aperçois à votre désintéressement. Folie, alors, continue la dame; pourquoi vouloir changer le cours des choses, réformer ou blâmer les abus? De tout temps il en fût, et il en sera toujours; ne vous chargez donc pas d'entreprendre une tâche inutile, et comme tant d'autres, profitez des sottises et des faiblesses humaines.

Georges, voyant l'entêtement de la dame à vouloir faire de lui un rogneur de budjet, laissa sans réponse ces dernières paroles, et désirant donner un autre cours à la conversation, hasarda quelques questions sur l'époux défunt.

— Hélas! répond madame Saint-Géran en poussant un énorme soupir, mon mari n'existe plus, monsieur, et je pleure sa perte tous les jours de ma vie.

— Je le crois, madame : mais la possession d'une aussi jolie fille que la vôtre, doit cependant adoucir un peu vos douleurs.

— Elle fait mon unique consolation, monsieur, sans elle l'existence me serait à charge; ma Julie, par sa vertu, ses talens, sait adoucir mes ennuis et l'amertume de mes chagrins.

— Des chagrins, madame? Ah! devraient-ils aborder un asile, où se trouvent réunis tant de charmes et d'amabilité!.. mais, avant de me retirer, n'aurai-je pas de nouveau l'avantage de revoir mademoiselle votre fille, que ma présence semble avoir fait fuir de ce salon.

— Excusez son inexpérience ou plutôt sa timidité, monsieur, veuillez me permettre de la prévenir de votre désir.

Madame Saint-Géran, après en avoir obtenu la permission du jeune homme, quitte sa place et sort du salon. Resté seul pour un instant, Georges profite de cette liberté pour jeter un coup-d'œil sur l'ameublement de la pièce dans laquelle il se trouve. Hélas! quelle mesquinerie, et que ce mobilier annonce bien l'absence de fortune. Un vieux meuble de bois peint, couvert d'un velours jaune et fané, une table antique surchargée de vieux ornemens de cuivre, dans un coin un modeste piano, quelques mauvaises peintures accrochées aux murailles; et sur la cheminée, une pendule, des vases du plus mauvais goût. Qu'importe! ce séjour ne renferme-t-il pas ce que la nature a créé de plus beau et de plus parfait? Julie enfin! A peine Georges achevait-il cette pensée, que la porte s'ouvrit, et que madame Saint-Géran et sa fille rentrèrent. Si Julie en simple négligé du matin avait paru charmante aux yeux du jeune homme, combien en ce moment il la trouva plus parfaite encore. Que cette coiffure lui sied bien, et fait valoir avec adresse la beauté de sa chevelure; que cette robe rose est bien en harmonie avec la douce teinte répandue sur son délicieux visage. Vraiment on n'est pas plus jolie, plus gracieuse, c'est à en perdre la tête. Aussi, celle de Georges lui tourne-t-elle en cet instant, et son cœur reçoit-il la plus vive atteinte d'un amour brûlant et durable.

— Venez donc, mademoiselle, pourquoi me priver du bonheur de votre présence?

— Excusez-la, monsieur Dalmon, répond

madame Saint-Géran; mais, vous nous avez surprises un peu matin, et la toilette de cette chère petite nécessitait l'absence qu'elle vient de faire.

— Lorsqu'on est aussi jolie que mademoiselle, est-il besoin d'ajouter l'art à la nature?

Julie n'osa répondre, mais elle rougit et s'inclina faiblement en accompagnant ce geste d'un sourire aimable.

L'entretien s'entame de nouveau entre Georges et la dame; Julie, qui s'est un peu enhardie, mêle quelques mots à la conversation que le jeune homme prolonge le plus possible; mais comme à tout, en ce monde, il est une fin, craignant de trop abuser pour une première visite, Georges se lève, et avec regret prend congé de la mère et de la fille; après s'être entendu renouveler, avec instance, l'invitation de revenir les voir et assister à leurs réunions.

— Voilà un jeune homme des plus polis!

s'écrie madame Saint-Géran, après avoir conduit Georges jusqu'à la porte.

— O! maman, qu'il est aimable de m'avoir rapporté mon serin, combien je lui ai d'obligation.

— J'espère qu'il me tiendra parole et que bientôt il fera partie de nos réunions, j'en serai charmée; car son ton, ses manières me plaisent infiniment.

— Oui, il est bien, très bien, répond la jeune fille avec un sourire timide.

— Maintenant, ma Julie, hâtons-nous de terminer nos toilettes, et de courir à Saint-Cloud, afin d'essayer cette fois de terminer l'affaire importante et lucrative qui nous appelle depuis plusieurs jours près du valet de chambre de sa majesté : tu sais, mon enfant, que notre position est des plus pénibles et combien j'ai hâte de recevoir la gratification que doit m'accorder le baron de Préautel, si je réussis à obtenir la nomination de son neveu. Cet argent, ma Julie, serait pour nous d'un grand secours, puisqu'il nous mettrait à même de liquider les dettes de ton père, et à nous débarrasser pour toujours de ce Gervais, qui malheureusement te déplaît si fort.

— O maman! de grâce, congédiez cet homme, que je hais de toute la force de mon âme; car je préférerais cent fois la mort à devenir son épouse.

— Calme toi, mon enfant, j'espère que cette chose n'arrivera jamais; cependant en pensant sagement, sais-tu que ce M. Gervais est fort riche, et n'a encore que cinquante-cinq ans, qu'il est bien conservé, et que pour une fille qui ne possède rien ce serait un brillant parti?

— Y pensez-vous, maman, la fortune fait-elle le bonheur?

— Mais elle y contribue beaucoup, répond madame Saint-Géran en lançant sur Julie un regard scrutateur. Des cachemirs, des diamans, un brillant équipage, toutes ces choses ne laissent pas d'avoir leur mérite ; de plus, une femme jeune, jolie, adroite, prend facilement empire sur un vieux mari, et règne sur lui en dame et maîtresse.

— Assez, assez, ma mère! toutes ces choses ne me tentent nullement, et mon cœur éprouve une peine affreuse à vous entendre parler ainsi, et vouloir me prouver qu'une telle union, si je pouvais y consentir, recevrait votre assentiment.

— Que t'importe mon opinion, ma chère petite, du moment que je ne contrarie pas tes sentimens?

— Hélas! c'est que j'ai si peur, ma bonne mère, que cet homme ne vous fasse de la peine lorsqu'il saura que décidément vous lui refusez ma main. Si le malheur allait vous mettre dans l'impossibilité de rejeter sa demande... ô Dieu! il faudrait donc alors que cet affreux sacrifice s'accomplît, ou, que pour m'y soustraire vous vous dépouillassiez d'un modique revenu qui suffit à peine à votre existence ?

— Espérance et courage, mon enfant, et le ciel nous secondera, calme tes craintes et hâtons notre départ ; car l'heure s'avance, rappelle-toi, Julie, que du succès de la démarche que nous allons entreprendre dépend la fin de nos tourmens.

IV.

Saint-Cloud.

Georges ayant quitté madame Saint-Géran et sa fille, remonta chez lui après avoir appris de sa portière que M. Gustave, son ami, l'attendait depuis quelques instans dans sa chambre.

— Arrive donc, mon cher Georges! s'écrie gaiement le jeune homme en le voyant entrer ; as-tu donc oublié que je devais venir te prendre aujourd'hui afin de nous rendre ensemble à la plus délicieuse invitation ?

— Non pas! répond Georges, mais tu excuseras mon absence en apprenant, ami, que la plus jolie femme de la terre vient d'en être la cause, et qu'enchaîné près d'elle par un charme irrésistible, il m'a été impossible de m'y soustraire plus tôt.

— Peste! quelle sirène; mais telle enchanteresse qu'elle soit, je doute que sa beauté puisse l'emporter sur celle de ta gracieuse cousine, madame Surville.

— Ma cousine est parfaite, d'accord, et ses charmes justifient parfaitement l'amour qu'elle a su t'inspirer; mais ma Julie, sans être moins belle, possède en sus de cet avantage, celui d'être plus jeune et de n'avoir jamais eu de mari, car c'est une vierge timide, une rose à peine éclose.

— Hum! c'est précieux! et où diable as-tu rencontré cette perle d'Orient, demande Gustave en souriant.

— Où? à sa fenêtre; puis ensuite chez sa mère, où je me suis présenté aujourd'hui, et de chez laquelle je sors à l'instant même.

Et Georges, ivre d'amour, raconta avec enthousiasme au jeune homme, par quel hasard il avait un jour, à l'aide d'un télescope, aperçu Julie travaillant près de sa fenêtre; comment depuis huit jours, enivré par les charmes de la jeune fille, il avait suivi tous ses mouvemens, épié ses démarches; enfin, qu'amoureux à l'excès, il ne savait comment entrer en connaissance, lorsque le hasard lui avait le matin même procuré cette occasion, en amenant sur sa fenêtre un oiseau chéri, échappé des mains de la jolie fille. Georges continuant son récit, fit part à Gustave de la réception que lui a faite madame Saint-Géran, du caractère de cette dame, et de son invitation à fréquenter sa maison et sa société.

— Charmant, en vérité ! répond Gustave. Ah ! çà, dis moi, Georges, ne pourrais-tu, par le moyen de ta longue vue, me faire voir ce minois enchanteur ?

— Rien de plus facile, mon cher ; tiens, regarde, admire !... et rends justice à mon amour, reprend Georges en braquant le télescope sur la fenêtre de madame Saint-Géran, et guidant les regards de son ami. L'aperçois-tu assise près de sa mère et causant avec elle ; avoue qu'elle est adorable. Quels yeux ! quelle jolie bouche ! puis ce cou d'albâtre, cette taille...

— Un moment, avant de faire l'explication de toutes ces merveilles, attends au moins que j'aie découvert quelque chose, jusqu'ici je ne distingue encore qu'un gros angora couché sur une chaise.

— Maladroit ! s'écrie Georges avec humeur.

— Ah! j'y suis, j'y suis, j'aperçois une tête, oui, celle d'une douairière, cinquante ans pour le moins.

— A côté! regarde à côté.

— Oui, oui, je vois fort bien actuellement. Charmante, divine en effet. Dieu! quel trésor, la délicieuse créature!

— A mon tour, dit Georges en faisant reculer Gustave, cède-moi la place; car je ne puis trop l'admirer.

— Laisse-moi donc, mon cher, attends encore, comme toi je ne puis non plus m'en lasser.

— Gustave! je t'en suplie ôte toi.

— Ah! ma foi, mon pauvre ami, il est trop tard; elle vient de quitter sa place et de suivre sa mère dans une autre pièce.

— Maudit lambin, c'est ta faute.

— Bah! la perte n'est pas grande, et facile à réparer, ne te comptes-tu pas maintenant comme habitué de la maison, tandis que moi je n'avais qu'un moment pour jouir de cette douce contemplation ? Ah ! çà, espères-tu poursuivre l'aventure ?

— Quelle demande ! répond Georges ; qui donc renoncerait à l'espoir de lui plaire, à celui de la posséder ?

— C'est juste, mais enfin, jusqu'où espères-tu mener cette passion ?

— Que sais-je, l'adorer, m'en faire aimer, voilà jusqu'ici où se bornent mes désirs les plus chers.

— Que l'amour couronne tes vœux, et tu seras, mon cher, un amant des plus fortunés. En vérité, il n'existe au monde que madame Surville, capable de m'empêcher de devenir, ton rival.

— Alors il est heureux pour moi de t'avoir fait connaître ma belle cousine.

— Et qu'elle m'ait inspiré l'amour le plus vif et le plus sincère ; mais de grâce, Georges, partons ; nous causerons en route, il serait impoli de nous faire attendre, songe qu'il y a deux lieues de Paris à Saint-Cloud, où habite madame Survillé.

— Partons, répond Georges; et souviens-toi que seul, tu étais capable aujourd'hui de m'arracher à mon délicieux vis-à-vis.

Les deux jeunes gens montent tous deux en voiture et roulent aussitôt vers leur destination.

— Sais-tu, mon cher Georges, que je ne puis comprendre comment toi, l'homme par excellence et qui sans cesse se plaît à contrôler mes actions, mon inconstance et mes dissipations; comment, afin de m'arracher à ces mondaines erreurs, ne m'as-tu pas fait connaître plutôt ta charmante cousine. Cependant, une telle femme, remplie de grâces, de vertus, de noblesse, serait un précieux Mentor pour l'heureux mortel qu'elle enchaînerait à son char, après l'avoir distingué parmi la foule des adorateurs que ses charmes puissans doivent attirer sur ses traces.

— Plains-toi de mon peu de complaisance, j'y consens, répond Georges en souriant, mais je t'avouerai que cette chose était loin de ma pensée; remercie le hasard, mon cher, qui tous deux ensemble nous fît, il y a quinze jours, rencontrer madame Surville, et occasionner ta connnaissance avec elle. Quant à moi, je me serais bien gardé de former une telle liaison, et cependant rien ne serait plus avantageux pour un jeune homme de ton âge que le bonheur de s'en faire aimer. Ma cousine, veuve depuis quatre ans, possède l'estime générale, reçoit chez elle la meilleure compagnie, des savans, des artistes; sa maison est magnifique, parce qu'il y règne le plus grand ordre, enfin je ne crois pas qu'il soit possible de rencontrer une maîtresse comparable, et qui puisse donner par ses entours plus de considération.

— Ah! mon cher Georges, quelle femme estimable! et que je serais heureux, si elle daignait m'aimer.

— Heureux, toi : oui, j'en conviens, mais elle? combien elle payerait cher cette folie! Inconstant par caractère, dissipateur, étourdi, tu ferais le malheur de sa vie. Ensuite, prétendrais-tu mener deux amours à la fois; n'es-tu pas en ce moment épris d'une espèce de marquise, dont tu ne cesses depuis deux mois de me vanter les attraits? Une femme enfin qui, envers toi, s'est montrée amie généreuse, et qui a payé, m'as-tu dit, une partie de tes dettes ?

— D'accord! Aloïse est un ange, mais elle me fait froide mine depuis quelque temps; enfin, nous avons à moitié rompu ; je me regarde donc comme libre; et je songe désormais à me fixer. Pensant au mariage, madame Surville serait, je le sens, la seule femme capable d'opérer ce miracle en moi, si elle daignait accepter mon amour.

— Hum! le mariage? tu mènes la chose, je pense, plus loin que ma cousine ne le désirerait ; elle ne fut point très-heureuse avec son défunt : aussi, depuis son veuvage, a-t-elle réfléchi sérieusement sur les moyens de bonheur que la nature accorde aux femmes, et qu'elles perdent toutes par leur faute; madame Surville s'est aperçu que le premier de ces biens était la liberté, et s'est décidée alors à ne point plier une seconde fois sous le joug conjugal, dont elle a déjà fait une si triste expérience.

— Vraiment? Georges tu me désespères; de grâce, ami, cesse ce langage, et en faveur de notre vieille amitié daigne intercéder pour moi près de ta belle parente; Georges, fais de moi un modèle de constance, le plus heureux des hommes, en secondant mon amour et m'aidant à mériter la main de madame Surville.

— Au moins, si j'étais sûr de ta sincère conversion.

— Peux-tu en douter? A l'avenir plus de folies, plus de maîtresses...

— Et ta marquise?

— Je romps entièrement avec elle dès demain.

— Songe aux égards que mérite sa conduite envers toi; que votre rupture s'opère de ta part avec politesse et ménagement.

— Sois tranquille, en cessant d'être amant, je veux qu'Aloïse et moi soyions toujours amis.

— C'est rare, entre amans, répond Georges, mais cela s'est vu.

— Çà sera, dit Gustave; ainsi donc désormais, je puis espérer en toi un puissant auxiliaire?

— Je n'ose te l'assurer, ta conduite, mon cher, fixera mon indécision; permets-moi jusque là de conserver une franche neutralité.

Tout en causant et roulant, les deux amis arrivent à leur destination; et la voiture qui les renferme vient enfin s'arrêter à la grille d'une jolie maison de campagne, située à Saint-Cloud, sur les bords de la Seine et sur le chemin qui conduit à Surène. Georges et Gustave traversent un jardin enchanteur, où l'art et le goût s'allient à la nature ; et bientôt tous deux sont introduits au salon, dans lequel la maîtresse de la maison, prévenue de leur arrivée, ne tarde point à venir les rejoindre.

Madame Surville, jeune et jolie veuve de vingt-six ans, accueille nos jeunes gens avec le sourire le plus gracieux, les félicite de leur exactitude, puis les engage à passer avec elle au jardin, jusqu'à l'arrivée des convives qu'elle attend pour dîner. L'offre est aussitôt acceptée ; après quelques tours dans les avenues, un bosquet de chevrefeuille, formant un épais rempart contre les rayons du soleil, reçoit les trois promeneurs, et sous ce frais ombrage, madame Surville invite Georges et Gustave à prendre place à ses côtés.

Gustave a vingt-quatre ans, un physique avantageux, il est spirituel, gai jusqu'à la folie, vif et galant auprès des femmes; et cependant à cette heure il est muet, presque timide, tant la jolie femme lui en impose avec sa réputation colossale de vertu et de sagesse; le jeune homme en sa présence n'a encore risqué que des complimens d'usage, quelques phrases banales prononcées les yeux baissés. La jeune veuve l'observe, admire en lui cette modestie si peu naturelle aux jeunes gens de son âge et qu'elle aime à y rencontrer, en ce qu'elle cadre avec ses goûts, sa manière de voir.

— Je vous remercie, Georges, de m'avoir tenu parole. Monsieur Gustave avec nous, j'espère, passera cette journée de plaisirs? demande la jolie femme en souriant et fixant les deux amis.

— Pas de remerciment, ma belle cousine, je n'ai rien fait pour les mériter; quant à Gustave, en venant ici il n'a fait que se rendre à votre aimable invitation, et cela sans qu'il eût été utile de le lui rappeler; je crois même que s'il avait osé, sa visite eût été beaucoup plus matinale, tant il avait hâte d'accourir près de vous.

— C'est bien, très bien, répond madame Surville, j'aime ce zèle, cet empressement à se rapprocher de moi, chez les personnes que j'estime.

— Rendre grâce aux gens de ce qu'ils veulent bien accepter le bonheur qu'on déverse sur eux, madame, est pousser trop loin la complaisance, dit Gustave; de grâce, accordez plus de prix à vos précieuses faveurs et laissez à ceux qui les reçoivent le bonheur de vous en remercier, et de s'en rendre dignes par leur zèle et leur adoration.

— Savez-vous, cousine, que Gustave ce matin me fesait la guerre de ne vous l'avoir pas fait connaître plûs tôt?

— Avouez, madame, qu'il y avait cruauté de sa part et justice dans mes reproches. Quoi! posséder pour parente la plus gracieuse, la plus divine des femmes; savoir que sa société serait un bien précieux pour un ami et la lui dérober pendant trois ans, ne pas même citer son nom; enfin, lui ravir la connaissance de ce qu'il y a de plus admirable au monde !...

— Taisez-vous, flatteur, reprend en souriant madame Surville; sachez que je n'aime point le langage à l'eau rose, il est rarement celui de la franche amitié et cache toujours quelques sournois desseins.

— Cette observation est des plus justes, dit Georges gaiement; la preuve, ma belle cousine, est que ce doucereux parleur cache sous sa mielleuse enveloppe le désir de conspirer contre votre liberté, de vous rendre parjure à vos sermens d'indifférence et de célibat.

— Georges dirait-il vrai, monsieur Gustave? Et croyant augmenter le nombre de mes amis sincères et désintéressés, n'aurais-je trouvé en vous qu'un secret ennemi de mon repos?

— Hélas! madame, je n'ose encore interroger mon cœur et me rendre compte du trouble qui l'agite depuis l'heureux moment où vous apparûtes à mes yeux pour la première fois; mais je dois être franc, et au risque d'encourir votre blâme, je vous avouerai en tremblant qu'il serait possible que mon ami vous eut dit la vérité.

— Folie! répond la dame, ou plutôt habitude de l'âge, d'adorer tout ce qui est femme et de le trouver parfait. Mais vous me permettrez, monsieur, de traiter vos craintes de chimères et d'en rire sans rien avoir à redouter.

— D'en rire! mais ce serait affreux; car, je vous le répète, madame, je tremble que tout ceci ne soit sérieux.

— Ah! je vous plaindrais alors, répond madame Surville avec moins de gaîté, en ce qu'il me serait impossible de payer de retour cette flamme subite à laquelle, franchement, j'ajoute fort peu de foi.

— Vous me désespérez, madame!

—Oh! oh!... Mais de la manière dont vous venez de dire cela, savez-vous que je commence presque à m'alarmer?

— J'en suis désolé, madame; mais aussi, en faisant serment de devenir inhumaine, il fallait alors cesser d'être jolie, ou bien s'attendre à faire le désespoir de tout ce qui porte un cœur sensible, et se résigner à n'entendre que des plaintes et des soupirs.

—Georges, mon ami, secondez-moi; aidez une pauvre femme à faire comprendre à cet étourdi, qu'elle ne veut et ne doit plus aimer; qu'elle en a fait le serment, et que le trahir serait lui réserver de nouveaux chagrins; enfin, dites-lui qu'il a tort, très tort de vouloir la rendre parjure, et qu'il doit être plus sage.

— Le blâmer? hélas! ma chère Sophie, le puis-je? et n'a-t-il pas raison de céder au doux penchant que vos beaux yeux lui inspirent? Gustave est jeune, aimant, a besoin d'un mentor; peut-il en choisir un plus aimable que vous? ne le désespérez donc pas en lui ravissant toute espérance, et donnez au temps, à sa conduite, le soin de légitimer son amour pour vous et de mériter le vôtre; pensez, ma belle cousine, que c'est du choix d'un premier amour que dépend le reste de la vie. Heureux pour un jeune homme, lorsqu'une femme estimable veut bien recevoir son hommage. Mais malheur à lui si, sans expérience, son cœur, neuf encore, devient l'esclave, la proie d'une coquette; car alors la jalousie de cette femme, son inconséquence, risquent de lui attirer cent mauvaises affaires sur les bras; et malheur encore à celui qui s'est déclaré son champion! il faut, nouveau Don Quichotte, qu'il passe sa vie, armé de pied en cap, pour redresser les torts de tous les chevaliers discourtois qui osent parler d'elle avec irrévérence, quoique sans cesse elle en donne sujet. Je vous citerai bien encore comme un choix fatal, celui d'une de ces femmes mystiques, traitant l'amour platoniquement, et faisant souffrir à un amant qui se mor fond pour elle les tourmens auxquels elle échappe avec son mari, à qui elle n'accorde que la partie terrestre de son affection; enfin, celui d'une dévote, qui forcera son amant à devenir hypocrite, à tromper Dieu et les hommes pour conserver sa réputation, tout en partageant ses faveurs entre lui et le saint personnage chargé de lui ouvrir les portes du ciel. Mais quelque soit le tort que ces liaisons puissent faire à un jeune homme, en est-il aucun à mettre en comparaison avec ceux qui suivraient l'attachement qu'inspirerait une de ces nouvelles Phrynées, ennemie de toute décence et retenue, amie des jeux, de la débauche? Non! car bientôt elle lui ferait partager ses vices, ses orgies, causerait sa ruine complète, et le rendrait le plus méprisable des êtres.

— Tu as raison, mon cher Georges; mais il est facile à un homme prudent d'échapper à la domination de femmes telles que tu viens d'en dépeindre, en ce qu'il n'appartient vraiment qu'à la vertu d'inspirer une passion sérieuse et durable.

—Une passion sérieuse, reprend madame Surville, est selon moi le malheur le plus grand pour un jeune homme qui veut faire son chemin; car entièrement paralysé par une idée unique, un sentiment insurmontable, l'imprudent abandonne tout pour ne plus songer qu'à l'objet de sa vive affection.

— Ainsi donc, madame, dit Gustave avec vivacité, selon votre dire il faut renoncer aux plus doux biens de la vie, à tout ce qui en fait l'unique charme; et l'amour qu'inspirent des yeux aussi beaux que les vôtres devient, pour celui qui le ressent, un obstacle à sa fortune? Oh, non! détrompez-vous, je sens que loin d'amollir mon cœur, l'amour d'une femme charmante et adorée ne ferait au contraire que le remplir d'ardeur, de courage et d'ambition. Renoncer à aimer ce qui est digne de l'être, ajoute le jeune homme avec feu, il vaudrait mieux mourir !

— Renoncer, renoncer, s'écrie madame Surville, pas positivement, car cela me paraîtrait trop difficile, à votre âge ; mais comme disait Georges il y a un instant, il s'agit de faire un bon choix.

— Alors, ma chère cousine, je vous engage donc à approuver celui que fait Gusstave, puisqu'il renferme toutes les qualités essentielles.

— Assez sur ce chapitre, répond la jeune dame en riant ; car, messieurs, avouez que la partie est loin d'être égale, et que c'est trop de deux assaillans pour une faible femme.

Au même instant un domestique vint annoncer une visite, celle du vieux curé d'un des villages voisins, homme respectable et à juste titre estimé et honoré de madame Surville.

— Venez vous placer près de nous, monsieur Bonin, et soyez le bienvenu dit la dame au vieil ecclésiastique, duquel Gustave ne peut se lasser d'admirer le physique difforme.

En effet, M. Bonin possède ce qu'on appelle le type de la laideur : qu'on se figure un petit homme, haut à-peu-près de quatre pieds et demi, que la nature a gratifié d'une énorme bosse située entre les deux épaules, et d'un visage maigre, long et jaune, sur lequel cependant règne une expression de malice et de douceur.

— Quel heureux hasard me procure votre agréable visite ? monsieur Bonin.

— Votre amabilité, madame, et le désir d'en éprouver le doux effet en me rapprochant de vous et venant, de préférence à tout autre, demander une hospitalité de quelques heures sous vos frais ombrages.

—Accordée de grand cœur, monsieur Bonin ; mais en revanche, vous ne refuserez pas, j'espère, de passer près de nous le restant de la journée ?

Désolé de refuser votre bonne invitation, mais une dame et sa jeune fille, que le désir de parler au valet de chambre du roi amène à Saint-Cloud dans quelques instans, vont m'attendre dans le parc réservé.

— Je n'insisterai pas, monsieur Bonin, répond madame Surville, bien persuadée qu'une de ces bonnes actions si fréquentes chez vous, peut seule en ce moment me ravir votre présence.

—Une bonne action ? oh! non : la démarche, qui à regret va m'éloigner de vous, belle dame, ne mérite pas un titre si flatteur, il s'agit simplement de disposer un homme de cour, duquel je crois posséder l'estime, à écouter favorablement la demande que doit lui adresser la veuve d'un brave militaire sans fortune, mort sur le champ de bataille.

— Je devine sans peine le motif de la démarche qu'entreprend aujourd'hui sa veuve, dit madame Surville; l'infortunée vient sans doute réclamer la pension qu'ont mérité à elle et sa jeune fille, les services nombreux d'un époux et d'un père.

— Ce serait alors, répond le curé, une démarche des plus vaines, car je ne pense pas que le gouvernement actuel soit très disposé à récompenser les services rendus à celui de Napoléon par M. Saint-Géran...

— Saint-Géran! s'écrie Georges en interrompant le curé.

— Oui, Saint-Géran; monsieur aurait-il connu mon ancien ami?

— Non, monsieur le curé; mais j'ai l'avantage de connaître depuis peu sa veuve, ainsi que sa charmante fille.

— Et bien, monsieur, ce sont ces deux dames que j'attends dans quelques heures,

— Enchanté de cette nouvelle, car je vous demanderai, monsieur Bonin, la permission d'aller saluer vos aimables protégées à leur sortie du château.

— Comment, vous aussi mon cher Georges; mais quelle puissance souveraine possèdent donc ces dames, pour me ravir ainsi mes amis? En vérité, je sens naître en moi le désir de connaître ces sirènes. Monsieur le curé, je réclame à mon tour une preuve de votre complaisance, celle de me procurer le plaisir de recevoir chez moi, aujourd'hui même, madame Saint-Géran et sa demoiselle.

— Je doute, madame, qu'elles résistent à une si douce invitation, et je me ferai un vrai plaisir de vous les amener.

— Veuillez, monsieur, dit Georges avec feu, me permettre de me joindre à vous, afin d'engager ces dames à accepter l'invitation de ma cousine.

— Volontiers, monsieur, trouvez-vous

donc à sept heures précises près la porte du parc, j'aurai l'avantage d'y conduire ces dames.

Quelques instans encore et M. Bonin prit congé de la société. Aussitôt après son départ, madame Surville s'empressa de questionner Georges sur l'intérêt qu'il paraissait prendre à madame Saint-Géran.

— Cet intérêt n'a rien de surprenant, dit Gustave avec un sourire malin, et sans donner à Georges le temps de répondre, c'est celui auquel a droit toute femme jolie, celui que tout être sensible, madame, éprouve en vous voyant et que vos charmes savent si bien inspirer, l'amour enfin.

— L'amour! s'écrie madame Surville en riant; quoi! mon bon Georges, vous amoureux?

— Oui, ma cousine, et pour la vie.

— Voilà qui me surprend étrangement, je l'avoue, moi qui vous croyais l'homme le plus raisonnable de la terre. Et depuis quand, monsieur, existe cette belle passion ?

— En perspective depuis près de quinze jours, répond Gustave en riant, et en réalité depuis ce matin même.

— Je ne vous comprends pas, monsieur Gustave, de grâce, laissez Georges s'expliquer plus clairement. Parlez, monsieur, parlez ! où avez-vous connu mademoiselle Saint-Géran ?

— Chez sa mère, ma chère cousine.

— Vous étiez donc admis chez cette dame ?

— Non, ma cousine, pas encore, mais grâce à mon télescope, chaque jour il m'était permis d'admirer de ma fenêtre la charmante Julie, de glisser un regard d'admiration dans le délicieux séjour où sans crainte, sans défiance, la plus gracieuse des femmes découvrait à mes yeux des appas ravissans...

— Assez! assez! monsieur, grâce pour les détails, savez-vous que cette action était indigne, et violait toutes les convenances? fi donc! surprendre ainsi les gens, profiter de leur sécurité pour épier leurs plus secrets mouvemens.

— Il est vrai, j'avais tort; mais le hasard causa la première faute en dirigeant mon observatoire vers la chambre de Julie; et tant d'attraits s'offrirent alors à mes regards enchantés, qu'un saint n'aurait pu résister au bonheur de jouir d'une si douce contemplation.

— Vous riez, monsieur! reprend madame Surville en fixant Gustave d'un petit air sévère; c'est mal: sans doute vous approuvez les torts de votre ami? Oh! je le vois, vous n'êtes pas plus parfait que les autres.

— Pardon, madame, répond Gustave cherchant à reprendre son air sérieux; mais tout en blâmant Georges, je ne puis m'empêcher de rire de l'aventure; mais désormais je peux vous promettre, madame, que Georges n'emploiera plus de pareils subterfuges. Reçu avec distinction chez madame Saint-Géran, il lui sera permis de contempler sans crime, celle qui l'a su charmer.

— Croyez-moi, messieurs, le respect est la plus belle preuve d'amour qu'un homme puisse donner à celle qu'il aime, reprend madame Surville. Maintenant, Georges, dites-moi si la jeune fille partage vos sentimens?

— Hélas! ma belle cousine, que me demandez-vous? sachez que Julie ignore même mon amour, à peine si ma bouche lui a adressé la parole et l'espoir de lui plaire fait seul ma félicité.

— Et le don de votre main paierait, sans nul doute, celui de sa tendresse?

— Ce serait le plus doux de mes vœux, répond Georges.

— A ce titre, je consens à servir votre passion, mon ami; à condition que la jeune personne, ainsi que sa famille, seront dignes de notre alliance.

— Oh! j'en réponds d'avance, s'écrie le jeune homme ; car rien de plus aimable que la mère, et de plus ravissant que sa céleste fille!

— Allons, avant peu je te vois au sein du plus heureux ménage, dit Gustave, il n'y aura que moi de malheureux et sans espérance.

— Ingrat! pourquoi t'alarmer sitôt? répond Georges en fixant son ami et madame Surville, ne vois-tu pas que ma bonne Sophie ne peut résister au besoin de faire des heureux?

— Oui, tout pour l'amitié, j'en conviens, dit la jeune veuve.

— Et pour l'amour? demande Gustave d'une voix presque émue.

— L'amour, répond Sophie, hélas! doit-on quelque chose à l'ennemi du repos!

Cinq heures étaient sonnées, on vint

avertir madame de Surville de l'arrivée de plusieurs personnes qu'elle attendait à dîner, et dont la présence mit fin au petit comité des trois amis.

On allait passer au dessert, lorsque l'impatient Georges, qui pour la centième fois venait de fixer la pendule, s'apercevant qu'elle marquait l'heure du rendez-vous, se leva aussitôt et s'éloigna, sans mot dire, afin de faire remarquer son absence le moins possible; puis sortant de la maison, il courut tout d'un trait se poster à l'endroit que lui avait indiqué M. Bonin. Depuis un grand quart-d'heure, le jeune homme se promenait devant la grille du parc, l'œil au guet, le désir dans le cœur, et tremblant qu'un événement inattendu ne retînt madame Saint-Géran et Julie, lorsqu'enfin il les aperçut au loin, accompagnées du vieux prêtre, et se dirigeant de son côté. Les voir et courir au-devant d'eux, fut pour Georges l'affaire d'une seconde.

—Quelle heureuse et inattendue rencontre! s'écrie madame Saint-Géran en rendant le salut au jeune homme.

—Heureuse et mille fois heureuse!... mais pour moi, madame, qui en venant visiter ma parente, étais loin d'espérer qu'un double bonheur m'attendait à Saint-Cloud.

En parlant, Georges a fixé Julie, et sur son charmant visage son regard a rencontré l'impression d'une joie secrète et le plus vif incarnat. Hélas! est-ce sa présence qui cause à la jeune fille une si douce émotion? Peut-être!

—Vous voyez, madame, monsieur Georges vient se joindre à moi, et appuyer l'invitation qu'il y a un moment je vous adressais de la part de son aimable parente, madame Surville.

— Trop de bonté cent fois, répond madame Saint-Géran, mais n'ayant pas l'honneur de connaître cette dame, je n'ose vraiment me permettre d'user de son extrême politesse.

— Osez, de grâce! reprend Georges avec vivacité. Madame de Surville, ma cousine, brûle du désir de faire votre connaissance, et je puis vous assurer qu'en la privant de cette précieuse faveur, vous l'affligeriez sensiblement. Ensuite, madame, vous devez avoir besoin de quelque repos; la chaleur est extrême, je vous engage donc à ne pas vous remettre en route avant la nuit.

Madame Saint-Géran hésite, balance, quoiqu'au fond elle brûle du désir de connaitre la dame, car M. Bonin la lui a dépeinte comme une personne bonne et riche; riche, surtout, et ce titre a tant de puissance sur l'esprit de la mère de Julie, que, craignant que Georges et le curé ne prissent enfin ses refus au sérieux, elle accepta, et au grand déplaisir du jeune homme, s'emparant de son bras, l'engage à la conduire près de sa belle parente, laissant sa jolie fille marcher sans soutien à côté du vieux prêtre.

Ils arrivent: en ce moment on était au salon. Madame Surville, s'avance armée du plus aimable sourire au-devant de la mère et de la fille, les prend par la main, et les conduit toutes deux vers un sopha. A la vue de Julie, chacun s'est écrié : Qu'elle est belle! que de charmes et de candeur! Madame Surville elle-même en est surprise et ravie, et d'un sourire adressé à Georges le félicite d'un choix si légitime et si parfait. Le jeune homme est au comble de l'ivresse; bien plus encore, car la maîtresse du lieu vient de lui indiquer une place tout près de la jolie fille, où il s'est empressé de s'asseoir. La conversation devient générale; puis après se forment les petits comités. Madame Saint-Géran entretient en ce moment madame Surville, et selon sa manie, lui offre son crédit, celui de ses puissantes connaissances en faveur de ses amis et parens, si par hasard il en est parmi eux qui sollicitent. La jolie veuve qui ne voit dans ces offres que le besoin d'obliger et une extrême bienveillance, adresse à la dame ses sincères remercimens, et promet d'user de ses services, si un jour le hasard les lui rendait nécessaires. Gustave, placé non loin de madame Surville, se repaît du bonheur de la contempler, du charme d'entendre sa douce voix, et ne prête qu'une très faible attention au récit que lui fait un vieil adjoint de la commune, de la maladie de son perroquet. Georges, l'heureux Georges, le plus favorisé de tous, est enfin parvenu à captiver l'attention de Julie, et à mériter que la jolie fille adresse avec timidité quelques réponses aux paroles qu'il lui adresse avec douceur et d'une voix émue. Quant à M. Bonin, il est depuis un quart-d'heure en tête à tête dans l'embrâsure d'une croisée avec un ancien colonel de l'empire; tous deux enfoncés dans une dissertation théologique, s'efforcent en criant et gesticulant de se prouver mutuellement la justesse de leurs argumens.

L'heure s'avançait, il fallait songer au départ. On est convenu sans beaucoup de difficulté que Georges et Gustave accompagneraient madame Saint-Géran et sa fille dans une même voiture; aussi le cœur de l'amant a-t-il bondi de joie. On se sépare, mais avant, madame Surville a eu soin d'inviter la mère et la fille à venir le plus tôt possible passer quelques jours à Saint-Cloud, et en reçoit la promesse : quant aux deux jeunes gens, il leur est défendu désormais de se présenter l'un sans l'autre; plus encore, c'est que Gustave emporte du bonheur pour un siècle; car la jolie veuve a permis que ses lèvres déposassent sur une main blanche et potelée un baiser aussi tendre que respectueux. Chacun s'éloigna donc content et radieux; madame Saint-Géran, de compter à l'avenir parmi ses connaissances une femme aimable et riche, qui par-dessus tout l'invitait à venir s'installer chez elle, Georges en ce qu'il est près de celle qu'il adore, Gustave parce qu'il espère, et Julie parce que... ma foi! elle n'en sait trop rien ; mais qu'importe, elle sourit, soupire, et se trouve, répond-elle, parfaitement à l'aise dans la voiture, assise en face de Georges, et les jambes placées entre celles du jeune homme, quoique les cahots leur occasionnent très fréquemment de légères pressions. La route se se fait gaiement; malheureusement et au grand déplaisir de Georges, les chevaux la franchissent avec trop de rapidité. Il est si bien comme cela ! Comment ne redouterait-il pas l'instant où il faudra quitter une si agréable position? où il faudra cesser de ressentir la douce haleine de Julie, qui d'instant en instant vient caresser son visage ; enfin à mille légères faveurs impossibles à décrire, mais précieuses, très précieuses à un cœur amoureux.

L'espace est franchi, la voiture entrée rue des Mathurins-d'Antin, s'arrête devant la maison de Madame Saint-Géran et celle de Georges, situées en cette rue et en face l'une de l'autre.

— Bonne nuit, messieurs, mille remercîmens de vos prévenances amicales; n'oubliez pas que je compte sur vous demain pour la soirée que je dois donner; j'espère en votre exactitude.

— Au revoir, madame; mademoiselle, veuillez recevoir mes salutations.

— A demain?

— A demain, mesdames.

V.

Encore Manette.

Après avoir quitté la mère et la fille, Georges et Gustave trop agités pour aller chercher le sommeil, dirigèrent leurs pas vers le boulevart des Italiens; et là, se promenant bras-dessus, bras-dessous, les deux amis s'entretiennent longuement de leurs espérances de bonheur.

— Merci! cent fois merci, ô mon cher Georges! de tout le bonheur que tu déverses sur moi, continue, je t'en supplie, à aider ma timidité, à me servir d'interprète près de ta belle cousine; car, te devant son amour, je te devrais plus que la vie! disait Gustave en pressant les mains de Georges.

— Quoique redoutant ta légèreté, ton inconstance; aujourd'hui j'ai fait plus que je n'avais promis; j'ai parlé en ta faveur, j'ai cherché à faire croître, dans le cœur de Sophie, le germe du sentiment que tu désires lui inspirer. Mais, hélas! en agissant ainsi, en voulant servir l'amitié; peut-être ai-je commencé le tourment d'une femme, jusqu'ici heureuse et paisible. Ah! que de reproches n'aurai-je pas à m'adresser si un jour, trahissant tes promesses, tu allais faire le malheur de sa vie...

— Ciel! qu'oses-tu dire? Georges, qui?

moi, faire le malheur d'une pareille femme, de ce qui est le plus digne au monde d'être aimé, peux tu redouter un tel crime?

Non, car si j'en étais certain, tu aurais vu Sophie aujourd'hui pour la dernière fois; mais écoute, Gustave : Il y a quatre ans que nous fîmes connaissance, et qu'une étroite amitié nous lia l'un à l'autre. Orphelins de père et de mère, tu possédais alors une fortune plus que suffisante pour mener une heureuse vie, qu'est-elle devenue ?

— Tu sais? des malheurs...

— Tais-toi, imprudent! reprend Georges, et ne cherche pas à m'abuser par de faux rapports, dis franchement que jeune, sans expérience, ennemi de tout sage conseil, en moins de deux ans, les femmes et les plaisirs consommèrent ta ruine et réduisirent ton patrimoine au plus stricte nécessaire.

J'en conviens, répond Gustave; mais alors j'étais un franc étourdi, mais maintenant....

—Maintenant, beau sire, répond Georges, la fortune est partie, et l'homme n'a pas changé, son inconstance et sa frivolité lui sont restées fidèles, et en perdant son argent, il s'est bien gardé de renoncer à ses goûts dissipés.

— Arrête Georges! je devine ta pensée; dis-moi sans détour que, soupçonnant ma loyauté, tu crains que la fortune de madame Surville soit le but de mes désirs, et que devenu son époux je n'en fasse un mauvais usage. Ah! cette idée est mal, et me peine douloureusement.

— Fou! tu t'abuses, sur le sens de mes paroles, elles sont loin d'être fondées sur plus ou moins de prodigalités de ta part, car la fortune de Sophie serait assez considérable pour satisfaire tes désirs, du moment qu'ils tourneraient en tout à l'avantage de ta maison; en cela, je ne vois rien qui puisse nuire au bonheur de ma cousine, si elle devenait ton épouse; mais seulement je tremble pour ton inconstance, qui la rendrait la plus à plaindre des femmes. Sophie possède un cœur aimant, qui place toute sa félicité dans un tendre retour de la part de celui qui possède ses affections; cesser de l'aimer, la tromper serait une faute impardonnable, et empoisonner son existence entière, maintenant réponds, te sens-tu capable, pour devenir son époux, de renoncer à cette soif de conquête, à ce besoin de courtiser vingt femmes à la fois, et d'être capable de fidélité envers celle qui non seulement, avec le don de sa main, te ferait aussi celui d'une fortune brillante? A cette condition j'oserai seul t'assurer un triomphe.

— Agis sans crainte, mon cher Georges, et cela sans scrupule. Jamais! non, jamais d'autres femmes que la charmante Sophie; tout à elle, tout pour elle; tel est le serment qu'un ami te fait en ce moment du plus profond de son cœur.

— J'en accepte l'augure, répond Georges

en pressant la main du jeune homme : après demain nous retournerons ensemble chez Sophie.

Quelques tours encore, et les deux jeunes gens se séparèrent, en dirigeant chacun leurs pas vers leurs différentes demeures. Il était près de minuit, lorsque Georges, après avoir franchi la porte de sa maison, reçut sa clé et son flambeau des mains de la gentille Manette.

— Vous, Manette, encore à cette heure chez vos parens?

— Oui monsieur ; la permission que m'a donnée mon maître s'étendant jusqu'à demain, je passe la nuit chez mes parens.

— Mais vous êtes seule dans cette loge, ma belle amie, à ce qu'il paraît votre père et sa femme ont profité de votre présence pour se reposer de meilleure heure?.

— Ils sommeillent, répond la jeune fille.

— Serais-je le dernier rentré, et vous aurais-je empêché de reposer ?

— Oui, je vous attendais, et puisque vous voilà, je vais monter aussitôt dans la chambre que j'occupe au-dessus de votre appartement.

— Pardon, pardon! Manette, si j'avais su que vous m'attendissiez, je serais rentré plus tôt. Au revoir ma chère petite.

— Bonsoir, bonsoir monsieur, reprend Manette d'une voix faible.

Georges s'éloigne, monte, atteint sa porte; il est chez lui. Quelques minutes s'écoulent que notre jeune homme, après avoir donné un coup-d'œil sur la fenêtre de Julie, et s'être assuré que tout repose en ce lieu, s'empresse à quitter son habit et se mettre à son aise. Un bruit de pas se fait entendre sur l'escalier; puis le frôlement d'une robe de femme; puis, aussitôt, deux petits coups frappés sur la porte, auxquels Georges s'empresse de répondre en courant ouvrir.

— Manette! s'écrie le jeune homme avec surprise en apercevant la jolie fille.

— Elle-même, monsieur, qui en montant se coucher exécute l'ordre que sa mère lui a donné, de réparer son oubli en vous apportant cette carafe d'eau.

— Il ne fallait pas prendre cette peine, mon enfant, je m'en serais fort bien passé jusqu'à demain.

— Non, monsieur, non; l'eau est de la plus grande utilité; sait-on ce qui peut arriver dans l'espace d'une nuit, ne peut-on se trouver indisposé?

En parlant ainsi, Manette était entrée jusqu'au fond de la pièce, afin de poser la carafe sur la commode.

— Qu'il fait chaud ce soir, n'est-ce pas monsieur Georges? dit-elle en s'essuyant le front de son mouchoir; et qu'une promenade au grand air, serait agréable à cette heure?

— Sans doute, répond Georges; mais le

repos est nécessaire et le sommeil rafraîchit. Sans lui, Manette, votre charmant visage perdrait bientôt ces fraîches et ravissantes couleurs qui je suis certain vous attirent mille galans.

— Ah! monsieur, qu'elles sont loin d'avoir la puissance que vous leur attribuez; personne au monde ne me fait seulement l'honneur d'y prendre garde.

— Vraiment! quoi! Manette, jolie comme nous sommes, nous n'aurions encore captivé personne? quoi! nous n'avons pas déjà cent adorateurs qui se disputent notre possession?

— Aucun, monsieur; qui donc voulez-vous qui fasse attention à une pauvre fille obscure et sans fortune, hélas! pour être aimé d'amour la beauté suffit-elle?

— Quelle erreur! détrompez-vous, ma chère amie : lorsque comme vous on réunit beauté et sagesse, c'en est assez pour fixer à jamais.

En causant ainsi, Manette s'était posée sur une siége, et Georges emporté par cette douce attraction qui nous attire sans cesse près d'une jolie femme, s'était placé à ses côtés et emparé d'une main blanche et mignonne que la jeune fille abandonnait sans résistance et que le jeune homme pressait dans la sienne.

— Allons, Manette, regardez Georges comme un ami sincère auquel vous devez faire part de tout ce qui se passe dans votre cœur. Depuis long-temps je remarque dans vos yeux l'expression d'une secrète inquiétude; auriez-vous, ma chère amie, quelques chagrins? Avouez-les moi, peut-être, serais-je assez heureux pour y apporter quelques douces consolations.

La jeune fille reste muette à cette amicale invitation; mais son regard semble répondre pour elle, car il se lève sur Georges avec tendresse, et sa tête, qu'embellissent de chaque côté les boucles nombreuses d'une belle chevelure, tombe languissamment sur l'épaule du jeune homme.

— Manette! Manette! s'écrie Georges, en entourant de son bras une taille délicate, parlez, comptez-moi vos peines... aimeriez-vous quelqu'un, et sans espoir?

— Oui; répond Manette avec hésitation, comme vous dites, sans espoir.

— Pauvre petite! votre ami n'est donc pas libre de son choix, ou ignore peut-être les sentimens qu'il vous inspire?

— Oui, il les ignore.

— Il faut les lui faire connaître et sans nul doute il mettra son bonheur à les partager. Manette, fiez-vous à moi, confiez-moi entièrement votre secret, et si la modicité de votre sort était un obstacle à votre union avec celui que vous aimez; eh bien! sans jouir d'une grande fortune, je pourrais aplanir cette difficulté. Parlez, quel est son nom?

— Je n'ose vous le dire, monsieur, répond

la jeune fille en tremblant et baissant les yeux.

— Pourquoi craindre? allons, courage : voyons, il se nomme?

— Georges! prononce vivement la jeune fille en passant son bras autour du cou de celui qu'elle vient de nommer et déposant un baiser sur son front.

— Moi! moi? Manette, s'écrie Georges avec surprise; il se pourrait! Pauvre petite...

— Silence! silence! reprend Manette en posant sa main sur les lèvres du jeune homme; de grâce! si votre bouche s'apprête à blâmer mon aveu, à repousser mon amour, gardez-vous de l'ouvrir, qu'elle ne détruise pas de suite ma faible espérance.

En disant ces mots, Manette pressait Georges sur son sein, le brûlait d'une haleine de feu, couvrait son visage et ses mains de séduisantes caresses, Georges étourdi, séduit, enivré, cédait malgré lui au charme dont la jeune fille l'entourait, lui rendait baiser pour baiser, soupir pour soupir, l'étreignait dans ses bras, sur son cœur, lorsque plusieurs coups frappés rudement à la porte et la voix de Gustave appelant au dehors, les arracha à leur délire, ramena leur raison et fit frémir Manette.

— N'ouvrez pas, au nom du ciel! s'écrie-t-elle; que penserait-il de moi s'il me surprenait chez vous à cette heure.

Ne pas ouvrir, comment s'en dispenser? Gustave ne cesse de faire un carillon infernal en frappant et appelant.

— Il faut vous cacher, Manette, et que j'ouvre à ce tapageur; il va réveiller et attirer ici tous les locataires de la maison.

— Me cacher, monsieur, mais s'il vient ici passer la nuit?

— C'est possible; attendez, je vais m'en assurer en lui parlant à travers la porte.

Georges d'un accent endormi s'avance et demande qui est là?

— Moi, parbleu! Gustave, qui vient te demander l'hospitalité pour cette nuit.

— Comment cela se fait-il, répond Georges; je te croyais depuis long-temps rentré chez toi.

— Eh! non, impossible! Je ne sais ce que j'ai fait de ma clé de sortie, et n'ai pu réveiller mon groom ni trouver de serrurier à cette heure.

— Attends un moment, je vais me procurer de la lumière.

Georges aussitôt revint près de Manette.

— Vous l'avez entendu, ma chère amie? il vient coucher ici; dérobez-vous à ses regards en vous cachant un instant derrière les rideaux de l'antichambre, et lorsqu'il sera entré dans cette pièce, je me charge de vous faire sortir.

Manette obéit, mais non sans manifester un grand mécontentement; alors Georges introduit Gustave et le conduit de suite dans sa chambre à coucher.

— Tu peux te flatter, mon cher, d'avoir le sommeil terriblement dur; voici une heure que je tambourine à ta porte.

— Oui, sans égard pour le repos des voisins.

— Que veux-tu, il n'eût pas été juste que je veillasse lorsqu'ils dorment.

— Mais au moins, on s'y prend plus doucement.

— Bah! la chose est faite, n'en parlons plus et cède-moi, cher ami, la moitié de ton lit? à charge de revanche dans semblable occasion.

— Très volontiers, agis comme chez toi.

Gustave ne se hâte guère de profiter de l'invitation; plutôt que de se déshabiller, il tourne vingt fois dans la chambre, ouvre la fenêtre, s'y place, puis revient, prend un livre et s'étend sur un siége en se disposant à faire une lecture.

— Ah! çà, est-ce que tu ne vas pas te coucher?

—Je ne me sens aucune envie de dormir, laisse-moi lire un instant; ou bien si mieux tu aimes, parlons de nos amours, de ta divine cousine, et de ta belle Julie, l'objet de tes plus chers désirs.

— Laisse-là ces plaisanteries te dis-je, et décide-toi à te coucher, mon cher; si tu ne veux dormir, moi j'en meurs d'envie.

— Plaisanteries! Appeler plaisanterie le plaisir de s'entretenir de ce qu'il y a de plus beau sur la terre, de nos charmantes maîtresses. Ah! Georges! c'est mal, très mal, et ton langage me donnerait presque une faible idée de ton amour.

— Mais, bavard, te tairas-tu? Comme Georges finissait ces mots, le bruit d'une chaise renversée se fit entendre dans l'antichambre, dont Georges cependant avait fermé la porte.

— Qu'est-ce ce bruit? demande Gustave en se levant et se disposant à aller voir.

— Rien, une chaise mal assujétie et qui

vient de tomber; ne t'occupes pas de cette bagatelle et couche toi. Gustave ne dit plus mot, se déshabille, et en un instant se trouve étendu dans le lit, où bientôt après il feint de dormir profondément.

Georges trompé par l'apparence, s'empare de la lumière, et sur la pointe du pied, se glisse dans l'antichambre, après en avoir ouvert la porte sans bruit et trouve Manette assise près d'une table, la tête appuyée dans ses deux mains, et pleurant à chaudes larmes.

— Que veut dire ce désespoir; pourquoi ces pleurs, ma chère amie?

— Vous le demandez, monsieur? hélas! ne viens-je pas d'entendre votre ami vous parler de celle que vous aimez?

—Silence, Manette, nous ne sommes plus seuls, il pourrait nous surprendre, fuyez, ménagez votre réputation; demain nous nous reverrons et causerons ensemble. Adieu, Manette, adieu.

— Adieu, monsieur.

Elle s'éloigne, Georges ferme la porte avec précaution; et Gustave qui a tout vu, tout entendu, se hâte de regagner le lit afin de ne point se laisser surprendre par celui dont il vient de s'emparer du secret.

— Parbleu! beau moraliseur, il vous sied bien de blâmer l'inconstance chez les autres, lorsque vous-même la pratiquez si largement. Cela dit en lui-même, Gustave se retourne et s'endort.

VI.

Le Prêteur et la Maîtresse.

Le lendemain Gustave, que diverses affaires appelaient chez lui de grand matin, quitta Georges en lui donnant parole pour le soir, afin de se rendre ensemble chez madame Saint-Géran, puis ensuite se dirigea vers sa demeure située rue Saint-Florentin.

— Est-il venu quelqu'un? demande le jeune homme à une espèce de petit groom, occupé dans l'antichambre à brosser des habits.

— Oui, monsieur, une personne qui désirait vous parler sort d'ici il n'y a qu'un instant.

— Une femme?

— Non, un homme.

— Sans doute mon tailleur, ou mon bottier?

— Je ne les connais pas, monsieur, il y a si peu de temps que je suis à votre service.

— Mon tailleur est gascon, petit, maigre; le bottier est grand, roux et baragouine l'allemand.

— S'il est ainsi, monsieur, ce n'est ni l'un, ni l'autre, car le monsieur qui vous a demandé, est grand, maigre, vieux et les cheveux poudrés; au surplus, il doit repasser dans la journée.

— C'est bien ; ainsi la marquise n'est pas encore venue ? tu la connais? puisque depuis que je t'ai pris à mon service tu as été cent fois chez elle?

— Parfaitement, monsieur; mais madame la marquise ne s'est pas présentée.

— Alors, passe ta livrée, et prépare-toi à lui porter la lettre que je vais écrire. Gustave passe dans son cabinet, se place à son bureau et trace quelques lignes à la hâte avec lesquelles le petit groom s'éloigne avec vitesse.

A peine Gustave était-il seul que la sonnette se fit entendre.

— Ouvrirai-je, ou non, se demande le jeune homme, est-ce la marquise, est-ce un importun? Ma foi! dans la crainte de manquer l'une, ouvrons à l'autre.

— Ah! ah! donnez-vous la peine d'entrer, messieurs, dit Gustave d'un air moitié riant, moitié vexé en apercevant deux figures qui ne sont autres que celles des fournisseurs qu'il dépeignait un instant avant à son domestique. Asseyez-vous donc, je vous en prie; sans doute vous venez l'un et l'autre me demander quelques à-comptes sur vos mémoires? Diable! mais vous tombez fort mal; car, j'attends en vain depuis plusieurs jours que mon fermier m'apporte des fonds, et le gaillard ne se presse guère.

— Mon femme y être venue souvent bour boire monsir Gustave et demander à lui quelque argent sans bouvoir l'y trouver.

— Oui! oui! je le sais, mon cher monsieur Birchmann, madame est venue souvent, mais j'avais le malheur d'être absent; j'en suis désolé, car madame Birchmann est une fort jolie femme, et je n'aime pas à faire courir les jolies femmes pour rien. Comment se porte-t-ellé, madame Birchmann?

— Merci, monsir, mon femme, y avre une ponne santé.

— Tant mieux! tant mieux. Et vous monsieur Albert?

— Comme monsieur votre bottier, jé vénais vous démander...

— Je conçois, de l'argent; mais je vous le repète avec regret, il y a aujourd'hui chez moi absence totale de numéraire ; du reste comme je suis trop honnête pour vous faire venir pour rien, M. Birchmann va me prendre mesure de quelques paires ·de chaussures, et vous, mon cher, d'un habit des plus à la mode.

— Cadédis! désespéré dé vous réfuser, mais avant d'entréprendre d'autres avances, jé désirerais que l'ancien mémoire fut à-peu-près acquitté, dit le tailleur.

— Moi jé avre les mêmes sentimens que monsir, ajoute le bottier Birchmam.

— Savez-vous, messieurs, que ce que vous dites là est de la dernière impolitesse, et qu'on n'agit pas ainsi avec un homme comme moi ; apprenez que vous mériteriez que je vous privasse de ma pratique : d'honnêtes fournisseurs doivent attendre en silence qu'il plaise à leurs pratiques de les satisfaire et ne jamais murmurer. Avez-vous oublié, ingrats, qu'une grande partie de ma fortune est passée en vos mains, que moi seul, par ma mise, ma tournure, ai donné la vogue à vos magasins ? Et vous irez me refuser parce que je vous fais l'honneur de vous devoir un misérable millier de francs ?

— Trois mille trois cents soixante francs, sandis ! rien que pour mon compte particulier, s'écrie le tailleur, en sortant son mémoire de sa poche.

— Sur lesquels je vous ai déjà donné en à-compte ?

— Rien, sandis !

— C'est possible, répond Gustave ; au fait je préfère payer en gros.

— Et moi che demande à monsir la solde

de seize cents francs, bour vournitures du bottes et autres jausures.

— Assez, assez, messieurs; encore un peu de patience.

— Imbosible! moi fouloir être payé tout de suite.

— Jé partage absolument lé mêmes sentimens qué l'honorable monsu Birchmann.

— Allez au diable! répond Gustave.

— Cadédis! reprend le tailleur en cherchant à se grandir et plaçant son chapeau sur l'oreille, vous mé soldérez, ou capédious! jé vous férai mettre en lieu dé sûreté.

— Moi bartache abzolument les mêmes intentions que monsir le tailleur, dit le bottier d'un ton flegmatique.

— Vous n'en ferez rien, vous dis-je!

— Jé lé férai foi dé gacécon.

— Moi tout d'y même malgré mon répugnance.

— Malheureux! hommes inhumains et

anti-sociables, auriez-vous cette barbarie? vous ignorez donc que ce serait le vrai moyen de n'être jamais payé? Sachez, infâmes! que dans peu je me sacrifie pour vous, rien que pour vous; et qu'afin de satisfaire votre odieuse cupidité j'enchaîne ma douce liberté : que m'immolant à vos intérêts j'accepte en mariage trente mille livres de rentes et par-dessus le marché une femme adorable. Osez-donc maintenant effectuer vos affreuses menaces! déchaînez contre moi vos horribles huissiers et leur hideux cortège, allez! je les attends; mais alors plus d'espérances, car vous aurez détruit mes dernières ressources en rompant une union fortunée.

Ces paroles produisent un effet magique sur les deux créanciers; leurs traits s'adoucissent et un sourire affable vient aussitôt se placer sur leurs lèvres. Chacun d'eux, en des termes les plus polis, conjure le jeune homme d'oublier un instant d'humeur et de se laisser prendre mesure.

—J'oublie tout, dit Gustave, en se prêtant à leurs désirs; surtout, messieurs, faites en sorte de me satisfaire par la perfection de vos ouvrages, ne me faites point attendre, et ne sortez plus dorénavant des bornes que le respect vous impose.

Cela dit, et les mesures prises, le jeune homme reconduit les deux marchands, en daignant recevoir leurs salutations, et se débarrasse de leur présence en leur fermant la porte au nez. A peine était-il rentré dans sa chambre que le tintement de la sonnette se fit entendre de nouveau.

— Maudit soit des importuns! Ah! c'est vous? mon cher monsieur Gervais, soyez le bien venu, je vous attendais avec impatience.

— Je me rends à vos ordres, monsieur Gustave, pour la deuxième fois d'aujourd'hui.

— Quelqu'un vint ce matin ; n'était-ce pas vous, monsieur Gervais?

— Oui monsieur, alors vous étiez absent;

mais voyons ce qui m'a fait demander par vous et en quoi je puis avoir l'avantage de vous être utile ?

— Faut-il aborder franchement la question, mon cher monsieur ?

— C'est mon avis.

— Et bien ! monsieur Gervais, sachez que j'ai le plus grand besoin que vous me rendiez en ce moment un service comme vous m'en rendites tant de fois; c'est-à-dire que vous me donniez de l'argent en échange de ma signature.

— Mon Dieu ! que je suis donc désolé, et qu'il m'est cruel d'être contraint...

— De me refuser n'est-ce pas ? reprend Gustave en l'interrompant, phrase banale et de rigueur chez les prêteurs d'argent, moyen usité pour le vendre plus cher, et dont vous vous êtes toujours servi lorsqu'il s'agissait de m'obliger.

— Je suis peiné sensiblement, mon cher monsieur Gustave, de la mauvaise opinion que vous avez de mon amitié; cependant rappelez-vous que toutes les fois qu'il m'a été possible de vous être utile, je l'ai fait sans hésiter. Mais aujourd'hui j'éprouve véritablement une gêne affreuse; on ne peut se faire une idée de la lenteur des rentrées, il m'est dû de toutes parts et je ne puis toucher la moindre somme.

— Contes que tout cela, répond Gustave, auxquels je suis loin d'ajouter foi; je sais, mon cher monsieur Gervais, que vous êtes riche comme un juif, que l'argent vous étouffe et que n'en sachant que faire, en désespoir de cause, vous en fourrez partout; il serait impossible de citer une entreprise, une exploitation quelconque dont vous ne soyez actionnaire. Il y a donc mauvaise volonté de votre part à me refuser; c'est mal, très mal! monsieur Gervais, vous qui m'avez loyalement débarrassé de la moitié de ma fortune.

— Grand Dieu! que vous m'affectez,

mon cher monsieur, vraiment, vos doutes sont un affront bien sensible à mon cœur. Que ne puis-je vous satisfaire! Hélas! le ciel est témoin que je n'hésiterais pas un instant; mais ma caisse est vide, totalement vide, d'innombrables remboursemens, des pertes énormes et inattendues, de fausses spéculations, tout enfin s'acharne à ma ruine.

— Fâcheux! très fâcheux pour vous, de ne pouvoir m'avancer cette misérable somme, l'affaire était rare et superbe, car apprenez que d'ici à un mois au plus je dois me marier.

— Vous vous mariez monsieur?

— Oui mon cher, avec trente mille livres de rentes.

— Pas possible! trente mille livres de rentes? s'écrie M. Gervais en ouvrant des yeux aussi grands que la petitesse des siens le lui permet.

— Oui, comme j'ai l'honneur de vous le

dire, trente mille livres de rente et par-dessus une femme ravissante, sublime.

— Et ce mariage ne peut manquer ?

— Je le regarde comme fait, je suis adoré !

—Heureux jeune homme! reprend M. Gervais en se frottant les mains et s'efforçant de communiquer à son rire l'expression de la finesse, tant mieux! tant mieux! je vous en félicite bien sincèrement ; cela fait qu'il vous sera facile de me solder certain petit effet en retard.

— Heim ! quel effet donc ?

—Oh! presque rien, de deux mille francs seulement, sans parler des intérêts et frais, enfin, le tout montant à la bagatelle de deux mille neuf cents soixante-cinq francs quarante-cinq centimes.

— Oui, je crois me rappeler ; alors, prêtez-moi cinq autres mille francs, cela fera presque huit mille, dont je vous serai redevable, plus les intérêts... et le tout payable quatre jours après mon mariage avec madame Surville !

— Madame Surville ! quoi c'est là la personne que vous devez épouser ! Permettez alors que je vous en fasse mon compliment.

— Cette dame vous est donc connue ? demande vivement Gustave.

— Certainement, j'en fis la connaissance du vivant de son premier époux que j'ai souvent eu le plaisir d'obliger de ma bourse ! et lequel serait mort mon débiteur, sans l'extrême délicatesse de son estimable épouse, qui me paya intégralement quelques heures avant sa mort.

— C'était, dit-on, un très mauvais sujet !

— Mais non, pas de trop, un étourdi dans votre genre et d'une générosité extrême.

— Diable ! voilà un rapport fort disgrâcieux pour la pauvre femme. Mais laissons celà et dites-moi de suite si je puis compter sur vous ?

— Hum ! je désirerais de grand cœur pouvoir vous satisfaire, mais je ne sais, sur mon honneur, où trouver les fonds, que vous me demandez, d'autant plus que vous paraissez très pressé.

— Pressé ? pas trop, je puis facilement attendre jusqu'à demain, moyennant que vous me remettiez un à compte dès aujourd'hui.

— Alors n'en parlons plus mon cher monsieur Gustave ; cela est de toute impossibilité.

— Et bien, après demain.

— Pas davantage.

— Mais alors fixez une époque.

— Dame ! je ne prévois pas qu'avant deux mois...

— Deux mois ! s'écrie Gustave en sautant sur son siège ; que parlez-vous de deux mois, homme sans pitié ? Mais à cette époque, c'est moi qui serai à même d'en prêter à l'univers entier; car, alors, j'aurai trente-mille livres de rentes; rappelez-vous donc, inhumain, ce que je viens de vous dire, que je me marie dans un mois au plus, et qu'en ce moment, ce que j'implore de vous me devient de la dernière nécessité; qu'il s'agit de briller aux yeux de ma belle future; qu'il lui faut la veille de notre union une corbeille digne d'elle; enfin, que j'ai mille et mille dépenses à faire. De grâce, mon bon monsieur Gervais, mon tendre et digne ami, prenez pitié de la position pénible où se trouve un infortuné jeune homme : cherchez, fouillez au fond de votre coffre-fort; peut-être, y trouverez-vous quelques billets de banque oubliés et végétant dans un coin. Demandez, qu'importe l'intérêt, j'y souscris d'avance, fût-il de la valeur du prêt.

— Aimable jeune homme, vous m'intéressez; aussi ne puis-je davantage résister à de si touchantes supplications. Oui, je dois tout employer pour rendre le calme à votre cœur agité! Écoutez donc ce qu'un ami va vous proposer : je ne puis véritablement vous obliger moi-même, ajoute monsieur Gervais d'un ton doucereux, mais une personne de mes connaissances se trouve avoir en ce moment à sa disposition, en diverses marchandises, la valeur de la somme nécessaire à vos besoins, valeur qu'elle échangerait facilement contre une simple lettre de change de douze à quinze mille francs, revêtue de votre signature et de la mienne, bien entendu, puisque cette personne n'a pas l'avantage de vous connaître, acceptez cette affaire, prenez les marchandises, et le lendemain rien ne vous sera plus facile que de vous en défaire contre de l'argent comptant.

— Diable! voilà bien des embarras; franchement, je préférerais payer un peu plus et avoir de suite des écus. Bref, en quoi consistent ces marchandises?

— Oh! toutes choses d'une défaite facile, par exemple : trois mille francs de superbes pavés provenant des rochers de Fontainebleau, que le gouvernement vous achètera un tiers en sus de ce qu'ils vous auront couté; plus, quatre mille deux-cents francs de magnifiques bouteilles de la fabrique de Sèvres, qu'en moins d'une journée les marchands de vins de Paris vous enlèveront, vu leur apparence de grandeur et qu'elles contiennent fort peu; troisièmement, serait comptée pour la somme de cinq mille francs, la vente d'une véritable momie venant d'Egypte, reconnue par une société de savans pour être celle d'un des rois Pharaon; laquelle momie serait pour un amateur un trésor inestimable; je suis donc persuadé que tous les marchands d'antiquités du quai Voltaire s'en disputeraient l'acquisition et vous la paieraient un prix fou. Enfin, c'est un coup à faire fortune. Poursuivons : pour deux mille francs, un bloc de marchandises consistant en chocolat de Bayonne, fromages de Hollande, briquets phosphoriques et trois entrées perpétuelles au théâtre de la Porte-Saint-Martin; notez, mon cher monsieur, que ce dernier article est on ne peut plus utile à l'édification des jeunes filles, en ce que la comédie est le miroir des mœurs, surtout celles qu'on représente à ce spectacle romantique par excellence. Enfin, pour compléter les quinze mille francs et faciliter l'acquéreur, la personne compterait sur le champ, huit cents francs d'argent sur lesquels en seraient prélevés de suite six cents pour solde des honoraires.

— Dieu soit loué; je suis enfin au terme de vos extravagances! Parlez-vous sérieusement, maître Gervais, en me débitant de telles sottises?

— Qu'appelez-vous sottises? osez-vous traiter ainsi l'affaire la plus avantageuse?

— Vous êtes un fou, mon cher, allez au diable avec vos pavés et votre momie! Décidément, pouvez-vous me prêter de l'argent? de l'argent, coûte qui coûte?

— Et non, vous dis-je, cent fois non!

— Alors, allez vous promener; laissez-moi en repos et ne m'insultez pas davantage par vos ridicules propositions.

— La paix! ne nous emportons pas, mon bon monsieur Gustave, et croyez que je ne cherche en tout que le moyen de vous être utile; celui que je vous propose ne vous convient pas, j'en suis désolé et me retire l'âme navrée de n'avoir pu vous obliger. Au revoir donc! réfléchissez, et s'il vous prenait envie de conclure cette affaire, venez me voir; mes services sont à votre disposition.

Monsieur Gervais ne recevant aucune réponse, reprit sa canne et son chapeau;

puis, se retira en accablant Gustave de ses humbles salutations.

— Le coquin! le juif! que l'enfer le confonde! refuser de me sortir d'embarras, de me vendre quelques misérables milliers de francs; et m'assommer de ses offres ridicules. Que faire! que devenir sans un sou vaillant? s'écriait Gustave en marchant à grands pas dans sa chambre et se frappant le front avec colère. Oh! amour! inspire-moi, daigne prendre en pitié un des plus zélés adorateurs de ton culte divin... O ciel! trente-mille livres de rentes; et rien, absolument rien pour amorcer une si belle proie; pour briller aux yeux de la maîtresse d'un si magnifique trésor!.. Décidément il me faut de l'or à tout prix! à toutes conditions, même à celles que m'offrait il n'y a qu'un instant cet infâme Gervais... Oui, encore un essai près de la petite marquise; et si j'échoue, ma foi! en avant les pavés, les bouteilles et la vieille momie!

— Encore la sonnette! et Georges court ouvrir.

— Ah! c'est toi, Dick; eh bien! la marquise?...

— Elle me suit, monsieur.

— C'est bien! mais il me semble que tu as été long.

— Madame était absente.

— Quoi! si matin? une petite maîtresse! ajoute Gustave en se frottant l'oreille et semblant réfléchir.

— Dick, prépare à déjeûner pour la marquise et moi.

— Volontiers, monsieur...

— Vas donc! que fais-tu là, planté comme un terme?

— J'attends qu'il plaise à monsieur de me donner de l'argent pour faire les provisions.

— De l'argent? animal! tu sais fort bien qu'hier tu as dépensé mon dernier napoléon.

— Alors, monsieur ainsi que madame la marquise se passeront de déjeûner, car personne maintenant dans le quartier ne veut désormais me faire de nouveau crédit.

— Tu plaisantes?

— Non, en vérité, monsieur, nos fournisseurs se plaignent de la difficulté qu'ils éprouvent à être payés.

— Les malôtrus! Alors cours au café de la Porte-Saint-Honoré, et commande qu'on m'apporte ce qu'il y a de plus délicat; hâte-toi.

— Monsieur est-il bien certain qu'on ne me refusera pas?

— Ne crains rien, je suis au mieux avec la dame du comptoir.

Dick obéit et en sortant de l'appartement se range de côté afin de céder le passage à madame la marquise de Villier.

— Enfin vous voilà donc, madame? De grâce, veuillez m'apprendre la cause de votre longue absence? Quoi! rester huit jours sans daigner venir consoler un amant malheureux... Hélas! pourquoi m'avoir interdit l'entrée de votre délicieux séjour? je serais couru solliciter à vos genoux le pardon de l'offense qui sans doute m'a mérité votre abandon.

— En effet, je suis mécontente, furieuse même, mais c'est après votre assiduité révoltante à sans cesse me poursuivre, répond la marquise en ôtant son schall et son chapeau, et jetant avec humeur l'un et l'autre sur le lit du jeune homme, vous ne vous rappelez donc plus, monsieur ajoute-t-elle en se penchant nonchalamment sur un canapé, que d'un commun accord nous avions juré que tout était rompu entre nous; qu'à l'avenir, je ne remettrais plus les pieds chez vous?

C'est juste, répond Gustave; mais...

— Mais alors pourquoi m'écrire encore! pourquoi me rappeler?

— Pourquoi, ma chère Aloïse? tu demandes pourquoi? ingrate! c'est parce que je t'aime encore, et que malgré la froideur dont tu m'accables, je ne puis me résoudre à me priver du charme de ta présence. Ah! si fatiguée de mon amour, tu le chasses de ton cœur, qu'une amitié sincère le remplace du moins.

— Sachez, monsieur, que désormais je vous défends de me tutoyer, reprend Aloïse en se mirant dans la glace et arrangeant coquettement les boucles de sa chevelure.

— Cruelle! as-tu donc juré de me désespérer?

— Mon Dieu, mon cher, que vous m'ennuyez! en vérité vous devenez insipide, et me prenez tout-à-fait pour une sotte; oubliez-vous que vous parlez à une femme qui malheureusement vous connaît trop, pour qu'elle soit davantage la dupe de vos grands mots et de votre fausseté? Peine inutile, mon cher Gustave, temps perdu en belles phrases, j'ai deviné de suite vos intentions, votre désir : croyez-moi, une fois dans votre vie, tâchez d'être sincère, et si par défaut d'habitude cela vous coûtait trop, ma bouche se chargerait volontiers d'expliquer votre pensée.

—A votre aise, madame, répond Gustave, en se plaçant sur le même siège qu'Aloïse, je consens volontiers à entendre en silence une aussi jolie bouche.

—Écoutez-donc, reprend la jeune femme en repoussant la main du jeune homme qui essayait de s'emparer de la sienne. Quand le hasard vous plaça devant moi ; vous me prîtes pour une grande dame, dont la fortune plus que les attraits souriaient à votre cupidité ; vous m'adressâtes alors vos hommages, et sottement je les accueillis, croyant trouver en vous un véritable ami dont l'amour m'aiderait à adoucir la triste position dans laquelle m'avait jeté le désir ambitieux de briller et d'essayer de la fortune ; malheureusement sous l'enveloppe de la noble marquise vous sûtes bientôt deviner la grisette, et profitant de ma faiblesse, vous m'arrachâtes aisément l'aveu de mes plus chers secrets.

— Il est vrai, dit Gustave, j'appris de ta bouche même que la jolie marquise du Villier, n'était autre que la fille d'un portier, enfin, une charmante grisette, dont la beauté, l'esprit enchanteur, avaient séduit un des plus riches capitalistes de France, lequel se trouvait trop heureux de déposer des trésors à ses pieds. Mais ma chère, je me souviens aussi que ces aveux arrachés à l'amour furent loin d'altérer le mien, qu'Aloïse, dépouillée de son titre n'en fut pas moins précieuse à mon cœur, et que depuis ce temps je n'ai cessé d'adorer la séduisante grisette.

— Oui, mais parce qu'elle avait de l'or et qu'elle vous le prodiguait à pleines mains. Enfin, pour terminer vous avez mésusé de ma générosité, vos dépenses inouies, ont épuisé, surpassé mes moyens, et m'ont mérité mille reproches de celui qui déversait sur moi de si nombreux bienfaits, desquels vous seul fesiez un si fol usage.

Hélas! trop tard, je m'aperçus que l'intérêt et non l'amour guidait votre personne, je voulus m'en assurer, et me refusai à satisfaire de nouvelles demandes en vous fermant ma bourse; alors, monsieur, souvenez-vous de vos fureurs, de vos menaces, j'oserai même dire des violences dont vous osâtes user envers moi et qui me contraignirent à fuir long-temps votre présence.

— J'étais un malheureux alors! Mais mon Aloïse, pourquoi rappeler ces tristes souvenirs? depuis, ne fîmes-nous pas une heureuse paix?

— La paix? ô non! dites plutôt que j'eus pitié de la misère dans laquelle allaient vous précipiter vos extravagances; je consentis à vous revoir, à supporter quelquefois votre présence, parce que vous ayant beaucoup aimé, je ne pouvais me décider à vous haïr et que je trouvais naturel de vous tendre dans le malheur une main secourable.

— Oui, mon Aloïse, oui, vous fûtes toujours pour moi la plus tendre la plus généreuse des femmes. Malheur! cent fois malheur à l'amant qui n'a su conserver l'amour d'un cœur tel que le vôtre, sa perte doit être pour lui la cause d'un éternel regret, répond le jeune homme d'un accent ému, en s'emparant de la main d'Aloïse qu'il presse tendrement dans les siennes.

— Finissez, Gustave, à quoi bon jouer l'homme passionné? Singerie que tout cela et dont je suis loin maintenant d'être la dupe; je vous le repète, et consens à rester votre amie autant que vous n'en abuserez pas; voyons-nous sans façon, sans gêne; éloignez tout souvenir de notre ancien amour et traitez-moi, si vous voulez que je vous estime encore, comme un bon et brave camarade et non comme une maîtresse de laquelle, selon votre usage, vous espérez exploiter la tendresse; enfin pour entamer de suite entre nous cet avenir de franchise et de bonne amitié, dites-moi sans plus tarder quels étaient vos desseins en me désirant chez vous ce matin.

— Hélas! le besoin de vous sentir près de moi, l'espoir d'adoucir votre rancune et...

— Mensonge que tout cela, s'écrie Aloïse avec dépit. En vérité vous êtes incorrigible et feriez perdre patience aux saints! Mais une fois dans votre vie soyez donc sincère et dites donc franchement: je n'ai pas d'argent, il m'en faut et je m'adresse à toi, à toi dont je connais le cœur, parce que je suis certain que tu partageras avec moi, parce qu'étant ma maîtresse, tu fesais ainsi et que devenue mon amie, l'amitié te rend encore ce devoir plus sacré!

— Eh bien! oui, tel est mon désir, telle est ma triste position, tu m'as deviné, Aloïse; désormais, comme tu disais tout-à-l'heure, entre nous plus d'amour, car véritablement je sens que je ne suis plus digne du tien, mais de l'amitié pour la vie. Apprends-donc, ma chère, puisque je ne dois plus rien avoir de caché pour toi, que dans peu j'espère me marier, épouser une femme jeune et riche; mais hélas! apprends qu'en attendant l'instant heureux qui doit me rendre possesseur de sa fortune, que si tu ne viens une dernière fois à mon secours, je suis menacé d'une horrible famine et privé de tous les moyens de conduire cette affaire à une heureuse conclusion.

— Vous marier! s'écrie la jeune femme dont tous les traits expriment aussitôt la surprise, grand Dieu! quelle est donc l'infortunée assez ennemie de son repos, de son aisance pour vous les sacrifier ?

— Un ange de beauté, de douceur, dont les vertus auront le pouvoir de me rendre meilleur, et la fortune de satisfaire des goûts désormais, sages et modérés.

— Quelle erreur ! vous sage et modéré, ô jamais ! jamais, mon cher Gustave ! reprend Aloïse en riant, l'habitude chez vous est devenue nature et je plains la pauvre femme du profond de mon cœur.

— Mais en vérité, madame, à vous entendre, je suis un homme affreux ! répond Gustave avec humeur.

— Comme amant oui, comme époux je le crains encore plus, comme ami je l'ignore. Mais laissons cela et parlons de vos besoins, je conçois facilement qu'en une telle circonstance l'argent est de la dernière nécessité et malheureusement dans cet instant je suis moi-même fort à-court sur cet article ; la faute en est à vous, et votre punition sera d'attendre qu'un heureux hasard me procure la possibilité de vous obliger.

—Attendre! eh le puis-je! s'écrie Gustave. Aloïse! je vous en supplie, un dernier sacrifice, celui de quelques bijoux, et vous me rendrez la vie, songez, ma chère, que de votre amitié, de votre obligeance, je n'exige qu'un prêt, et que marié, maître de la fortune je saurai tout réparer.

— Silence, monsieur, ne faites point de vaines promesses, de votre part ce moyen de séduction est trop usé pour que je m'y laisse prendre davantage. De quelle somme avez-vous besoin?

—Quelques mille francs, répond le jeune homme.

— Mais encore?

— Cinq à six mille.

— Hum! comme vous y allez, me prenez-vous pour un Crésus? En cet instant, je ne puis tout au plus disposer que d'une quinzaine de cents francs, grâce à vos fréquents emprunts et à vos rares restitutions; encore faudra-t-il, comme vous disiez, que j'en vinsse aux sacrifices, en me dépouillant momentanément de quelques objets concernant ma parure.

— Quinze cents francs! et où me mènera cette bagatelle?

— J'en suis fâché, monsieur, mais je ne puis faire davantage; acceptez ou renoncez, comme il vous plaira.

— J'accepte, répond Gustave, cette somme me donnera toujours le temps de me retourner pour le reste.

En cet instant rentrait le petit groom suivi du garçon limonadier apportant le déjeûner commandé par Gustave.

— C'est bon, laissez cela, vous reviendrez chercher ce soir vos ustensiles.

Mais le garçon a reçu du comptoir l'ordre

de ne point abandonner ses plats avant d'avoir reçu le montant de la carte et loin de déférer à l'invitation du groom, il présente le mémoire sans abandonner les vivres. Vainement le valet en herbe s'efforce à lui représenter l'impertinence de ce procédé, et à lui rappeler que ces sortes de fournitures ne se payent qu'après leur consommation, le traiteur ne s'en obstine pas moins à demander son dû, menaçant en cas d'un plus long refus de remporter le déjeûner. Dick, effrayé de la menace, l'invite d'attendre le temps nécessaire pour avertir son maître, et se hâte aussitôt d'appeler Gustave dans une pièce écartée.

— C'est bien! répond le jeune homme après avoir entendu son valet, et sans plus tarder il se rend dans l'antichambre près du trop exigeant fournisseur. Voyons votre mémoire, dit le jeune homme avec aplomb; qu'est-ce que cela? ajoute-t-il en parcourant

la carte des yeux ; le misérable déjeûner !
me jugez-vous un commis à douze cents
francs pour me servir avec cette mesquinerie? quoi! pas un plat recherché, pas
une sucrerie? Retournez, mon cher, et rap-
portez de suite en supplément un faisan rôti
et une crême glacée. Allez et hâtez-vous.

Puis, se tournant aussitôt vers le groom.

— Dick! servez de suite; et vous, garçon, vingt francs pour boire si vous ne vous
faites attendre.

Vingt francs! comment résister à une
telle promesse? impossible! Aussi, oubliant
toute méfiance, le traiteur docile et ram-
pant, s'éloigne au plus vite, laissant bef-
tecks, rognons, etc.

— Dick, hâtes-toi de nous faire déjeûner; mais avant, cours chez la portière prévenir que je n'y suis pour personne et de
renvoyer cet homme lorsqu'il reviendra.

Cela dit, Gustave rejoint Aloïse, et quelques minutes après tous deux festoyaient côte à côte.

— Est-il possible, Aloïse, que désormais il me faudra renoncer à nos doux tête-à-têtes, que ces heureux instans passés ensemble, si pleins d'amour, de folies, ne se retrouveront plus, et que tu brises volontairement et sans regret une si tendre intimité ?

— Heureusement, mon cher, que le ciel, pour consolateur, vous envoie en ce jour une femme belle et riche, près de laquelle, depuis long-temps sans doute, vous vous vengez de ma cruelle indifférence ? répond la marquise souriant avec ironie.

— Tels sont les résultats de vos nouveaux caprices, madame; en cessant de m'aimer vous me rendiez mon entière liberté : à d'autres j'offris alors mon hommage.

— Et vous avez bien fait, Gustave, car ainsi que vous j'ai disposé de mon cœur.

— Déjà! s'écrie le jeune homme avec dépit.

— Oui, déjà reprend Aloïse.

— Pourrait-on savoir quel est l'heureux mortel?...

— Un homme honnête, délicat, digne de tout l'amour qu'il inspire, enfin un homme que j'aime autant qu'un cœur de femme peut aimer, c'est-à-dire avec ivresse, passion, délire! duquel je ne redoute rien de plus que le mépris et la haine, s'il apprenait jamais que celle qui passe à ses yeux pour innocente et sage, cache sous ces dehors trompeurs l'âme et le cœur d'une pervertie!

— Peste, ma belle! voilà qui sent furieusement la conversion : Au surplus, ma bonne Aloïse, je souhaite que ce nouvel amour te porte bonheur et plaisir, car tu es digne d'être heureuse.

— C'est ce que je souhaite, le ciel veuille me seconder, dit la jeune femme en se levant de table et reprenant son chapeau; je vais vous quitter monsieur et m'occuper dès ce jour de vous procurer la somme qui vous est nécessaire: pensez, Gustave, que ce sacrifice est le dernier, que je ne l'entreprends qu'en faveur de votre mariage, espérant que ce nouveau nœud vous rendra raisonnable, et que vous chérirez celle qui va vous confier son sort et sa fortune. Vous riez, monsieur, ajoute Aloïse; sans doute la morale vous paraît étrange dans ma bouche? mais sachez que mes pensées valent mieux que mes actions, et que le cœur est bon où la tête est légère.

— A qui le dis-tu, ange de bienfaisance, à moi, qui sans cesse en ai reçu les preuves les plus touchantes?

Encore quelques paroles, et Aloïse quitta Gustave en promettant de lui envoyer l'argent le soir même et après lui avoir accordé un dernier baiser à titre d'ami.

— Quinze cents francs! quinze cents francs! quelle misère! s'était écrié Gustave après avoir reconduit Aloïse, enfin n'importe! cela servira pour les premiers besoins, les pavés et la momie complèteront l'affaire.

VII.

Neuf heures du soir sonnaient, lorsque Georges et Gustave, tous deux en habits de soirée, entraient dans le salon de madame Saint-Géran. Une trentaine de personnes envahissaient alors cette pièce magnifiquement éclairée par la lueur d'une demi-douzaine de quinquets et de deux bougies de l'Étoile, placées sur la cheminée. L'arrivée des nouveaux venus a jeté quelque désordre dans la société; à leur approche, la maîtresse du lieu, pimpante et d'une mise coquette, s'est levée aussitôt et a introduit les jeunes gens au milieu de son cercle où chacun d'eux a reçu des premiers venus force salutations. Le calme s'est rétabli, Gustave, Georges, ont accepté les places qui leur ont été offertes, et dégagés de l'attention générale, ont pu enfin se permettre à leur tour quelques observations, en passant en revue la foule d'originaux groupés autour d'eux.

Pitié, mon Dieu! quel monde est-ce celà? les grotesques personnages! On se croirait vraiment transporté au milieu d'un cercle du temps de Louis XV, à voir ces tournures de financiers et ces vieilles douairières.

Qu'importe! n'est-ce pas une assez douce compensation que celle que procure la présence de la charmante Julie! qu'elle est divine! quel air de modestie répandu sur ce rosé visage. Georges, en cet instant, est heureux, bien heureux! car placé près d'elle, il lui parle, la félicite sur sa fraîcheur, sa beauté, et de sa bouche modeste et timide obtient un gracieux sourire.

On parle de former quelques tables d'écarté. L'offre est acceptée à l'unanimité, et l'on établit les parties. Gustave, bien malgré lui, se voit forcé d'entamer la sienne avec une antique baronne, qui, se disant ennemie du jeu, propose de suite au jeune homme de tenir vingt francs. Heureusement pour Gustave que son ami avant d'entrer lui a confié, à tout événement, le double de cette somme, qu'il doit lui restituer, aussitôt qu'il aura retrouvé la clef de son secrétaire, selon lui égarée depuis la matinée. Tout en jouant, Gustave peu satisfait de son adversaire se permet des distractions au grand déplaisir de la vieille, qui, comme toutes les femmes de son âge, n'aiment pas qu'on se permette de ces sortes de choses, parce qu'elles sont sûres de n'en être pas causes. En effet, les yeux du jeune homme occupés sur un autre coin du salon, font qu'il commet mille bévues dans son jeu, aussi vient-il de perdre la partie, et peu jaloux d'en recommencer une seconde, il cède de grand cœur sa place à un autre pour diriger ses pas vers l'endroit qui un instant avant captivait toute son attention, et se placer près d'une jeune fille d'une quinzaine d'années, d'un maintien gauche et raide, qui, assise près de sa mère, était depuis un quart-d'heure la seule cause de ses distractions. Gustave a de suite remarqué que la peau de la jeune demoiselle est d'une blancheur éblouissante; ses couleurs vives attestent une santé robuste. Des yeux noirs, petits, mais brillans; une bouche fendue jusqu'aux oreilles, une gorge charmante, une taille bien prise quoique sans grâce; enfin, un tout lui faisant désirer d'être le premier qui touche un cœur qu'aucunes passions ne doivent encore avoir effleurées. Gustave n'ayant rien de mieux à faire dans une société qui flatte peu ses goûts, feint de paraître épris de la petite, entame la conversation et croyant la mère entièrement occupée de la partie qu'elle fait en ce moment avec un grave personnage, débite à la jeune fille une longue kirielle de ces complimens qui d'ordinaire ne séduisent que les femmes sans esprit et sans usage. La mère prêtait l'oreille, et la fille ne soufflait mot; cependant Gustave s'apercevait que l'une et l'autre étaient flattées de son hommage.

— Monsieur est un ami de la digne madame Saint-Géran? demande la maman en se retournant brusquement après avoir fini sa partie.

— J'ose l'espérer, madame, répond le jeune homme en souriant à cette brusque question.

— Feu mon mari était un intime ami du sien; hélas! toutes deux pleurons encore chaque jour ces modèles d'époux.

— J'en suis persuadé, madame; cependant une si charmante fille que la vôtre devrait vous consoler un peu.

— Ah! monsieur, charmante! ma fille a ce qu'on appelle la beauté du diable.

— Et tant d'esprit, reprend Gustave; quoique la petite n'ait pas encore ouvert la bouche.

— Oh! pour l'esprit, elle a de qui tenir; feu M. Goyo, mon époux, était un aigle.

— Et vous donc, madame, il suffit de vous entendre pour être persuadé que vous ne le lui cédiez en rien...

— Dam! cela ne dépend pas de nous, et je sais que dans une conversation spirituelle je puis tenir hardiment ma place. Mais pour en revenir à Véronique, ma fille, je crois qu'elle se fera distinguer, car apprenez, monsieur, qu'avec son petit air de ne point y toucher, elle fait les vers à ravir.

— Je le crois bien, madame.

— Tenez, il n'y a que ce vieux bonhomme assis là-bas près de madame Saint-Géran, qui a eu l'impertinence de critiquer un jour le plus joli quatrain que cet enfant ait fait de sa vie.

— C'est un impertinent! moi, je garantis à mademoiselle d'immenses succès sous tous les rapports.

— Oh! vous la flattez, monsieur; mais franchement c'est dommage qu'elle ait de si petits yeux.

— Ceci n'est point un défaut, madame, s'écrie Gustave en retenant un sourire prêt à lui échapper; apprenez que les Grecs ne peignaient jamais leurs Vénus avec de grands yeux.

— C'est parfait; ainsi, Véronique, en Grèce, passerait pour une Vénus.

— Certainement, madame, et ces gens-là s'y connaissaient.

Véronique Goyo écoutait sans prononcer une syllabe, se rengorgeait, et fière de tant de louanges, se demandait intérieurement si elle ne serait pas, sans y avoir pensé, une des sept merveilles du monde.

La porte du salon venait de s'ouvrir, pour donner entrée à un nouveau venu, qu'à sa grande surprise Gustave, en levant les yeux, reconnut pour M. Gervais.

A en juger par les démonstrations que manifeste à sa vue madame Saint-Géran, aux égards et prévenances dont elle entoure le vieux prêteur d'argent, Gustave augure de suite qu'il est pour le moins l'ami intime de la maison. Mais le jeune homme pense qu'il a besoin de cet usurier et qu'il serait maladroit à lui de se laisser devancer dans cette rencontre; aussi, se lève-t-il et adressant des excuses à madame Goyo de ce qu'il interrompt un instant leur entretien. Il traverse le salon et vient saluer M. Gervais, qui sans façons, s'est placé à son arrivée sur le siége qu'occupait près de sa fille, madame Saint-Géran.

— Ah! ah! vous ici? mon cher monsieur Gustave, j'étais loin de m'attendre au plaisir de vous rencontrer. Ainsi que moi, vous connaissez donc madame Saint-Géran?

— Grâce à mon ami Georges Dalmon, répond Gustave en montrant le jeune homme assis à la gauche de Julie.

— Ah! monsieur connaît ses dames, reprend Gervais en laissant échapper une espèce de grimace occasionnée sans doute par le mécontentement de voir Georges si près de la jolie fille.

— Oui, monsieur, j'ai cet honneur, et j'en apprécie tout le prix, dit Georges en saluant le vieillard.

— Moi de même, monsieur, et j'ose me flatter que notre connaissance date depuis longues années; j'avais même l'avantage d'être intimement lié avec feu M. Saint-Géran.

officier aussi distingué que brave, et père de cette jolie enfant, si fraîche et si suave.

Julie, à ce qu'il paraît, est peu flattée des complimens que M. Gervais vient de lui adresser, car, sans respect pour l'ancien ami de son père, la jeune fille lui dérobe la main dont dont il cherchait à s'emparer en accompagnant ce geste d'un sourire des plus bêtes, et s'échappe pour courir se placer à l'extrémité de la pièce près de mademoiselle Véronique Goyo.

Georges a vu avec peine s'éloigner Julie, mais pardonne en faveur des importunités du vieux prêteur, et se trouvant dès lors fort mal placé, se lève de même et sans affectation s'empresse, en allant et venant parmi la société, de se rapprocher de la jeune fille.

— Monsieur Gervais, dit à demi-voix Gustave, se voyant à peu près seul près de cet homme, l'affaire dont vous m'avez parlé ce matin est-elle encore à votre disposition?

— Mais oui, il s'est passé trop peu de

temps depuis notre entrevue pour que les choses aient changé; par exemple, je vous préviens, mon cher, que demain à midi il serait trop tard.

— Alors, je le retiens pour mon compte, dit Gustave, demain matin veuillez m'attendre chez vous.

— Soit! mon cher, à demain donc.

— C'est dit.

Et Gustave attiré par le son du piano, auquel venait de se placer Julie, d'après l'invitation générale, s'éloigne de monsieur Gervais et va se placer près de la jolie musicienne et de Georges, qui s'est bien gardé de laisser, par un autre, prendre la meilleure place.

— Que cette jeune fille est divine! quelle figure angélique! comme ses jolis doigts se promènent avec grâce et légèreté sur ce clavier. Hum! heureux Georges! quelle chance pour toi d'avoir une cousine belle et riche, sans cet avantage, en moi, tu pourrais trouver un dangereux rival.

Ainsi pensait Gustave, en admirant Julie; avait-il tort? peut-être non, car il est si difficile d'échapper au charme puissant dont vous enivre, même malgré soi, une femme jeune et belle.

Quant à Georges, oh! lui, c'était du délire, un amour brûlant, un désir dévorant qui l'agitaient; sa tête, son cœur étaient remplis de douces sensations, de mille pensées, de mille projets de bonheur et d'union. Incapable de résister plus long-temps, il conçoit l'idée de s'expliquer le lendemain, de demander Julie à sa mère, de renverser s'il le faut, au dépens d'une partie de sa fortune, les obstacles qui pourraient s'opposer à la possession de celle qu'il admire en cet instant.

Julie vient de terminer son dernier morceau, et au bruit des bravos, s'éloigne de l'instrument qu'elle cède à Véronique, puis va modestement s'asseoir dans l'embrâsure d'une des croisées, où l'heureux Georges, qui épiait tous ses mouvemens, ne tarde point à la rejoindre et à se placer près d'elle.

Alors plus heureux qu'un roi, le jeune homme profitant de cette espèce de tête-à-tête, s'empresse de débiter à la jolie fille, toutes les choses grâcieuses, que sa beauté lui inspire et que Julie semble écouter avec un doux plaisir. Mais, quel malheur! et que cette Véronique Goyo est insupportable de venir sottement interrompre un si précieux entretien; adieu jolis propos, tendre prélude d'un doux aveu d'amour tout prêt d'échapper des lèvres de l'amant délicat et passionné, car la petite niaise, par d'insignifiantes paroles, vient de distraire Julie et de détourner son attention.

Impossible de relier l'entretien; Véronique, s'est assise près de la jolie fille, la complimente sur sa toilette, puis ensuite entame l'interminable récit d'une longue histoire arrivée dernièrement à une de ses camarades de pension.

— Deux mots en particulier, ma chère dame, disait plus loin monsieur Gervais à madame Saint-Géran, en l'attirant dans la pièce voisine; veuillez m'apprendre ce que dit sans cesse ce monsieur Georges à votre charmante Julie?

— Pourquoi ces questions, monsieur?

— Ah! c'est que ce jeune homme m'a tout l'air d'un amoureux et d'après nos arrangemens et l'intérêt que je porte à la belle, il ne me flatte pas infiniment qu'un autre aille sur mes brisées.

— Folie! monsieur Gervais, ce jeune homme ne pense nullement à ma fille, et sa conduite envers elle, n'est que pure galanterie, sans motif, ni dessein.

— Et moi, madame, je dis que vous n'y voyez goutte et que ce freluquet en conte à votre fille. Prenez garde, ma chère dame, les godelureaux de cette espèce introduisent facilement l'amour dans la tête des jeunes filles, et si la vôtre en tenait une fois, et qu'elle s'avisât de refuser l'alliance projetée, vous savez qu'alors toutes nos conventions seraient rompues et que j'aurais le droit d'exiger de vous l'entier paiement de la créance de votre défunt?

— Vous êtes un cruel homme, monsieur! fi donc! il est peu généreux de votre part de me jeter sans cesse la menace à la tête; qu'avez-vous à craindre? ne vous ai-je pas promis la main de ma fille, et pris l'engagement formel de vous payer ma dette si je ne remplissait ma promesse. Que vous font les politesses de ce jeune homme, puisque l'impossibilité de me liquider vous assure la possession de ma fille.

— D'accord! reprend monsieur Gervais, mais voilà déjà long-temps que pour l'effectuer, vous me promenez de mois en mois, il est temps d'en finir; j'espère donc, que celui qui court ne passera pas sans que votre Julie soit ma femme, ou que vous m'ayez soldé votre créance : je serais désespéré, madame, d'en venir envers vous à des extrémités, faites donc votre possible pour m'éviter ces désagrémens.

— O ciel! que je suis malheureuse, s'écrie madame Saint-Géran, en laissant échapper une larme; ah! monsieur, que votre langage est dur et humiliant! Hélas! n'est-ce pas assez pour le cœur d'une mère de sacrifier son enfant, sans que vous le déchiriez encore par de cruelles menaces.

— Qu'appelez-vous sacrifier, madame. Il n'existe nullement de sacrifice dans l'union que je vous propose, bien au contraire! j'y vois pour vous les plus heureux avantages; car, enfin, vous êtes pauvre, et ce mariage vous enrichit: grâce à ma fortune, soyez persuadée que mille autres, non moins jolies que Julie, envieraient mon alliance, loin de l'envisager comme un malheur. Remerciez donc le hasard, qui vous procure en moi un gendre riche et généreux, lorsque d'un mot je pourrais vous réduire à la plus profonde misère, et vous ravir le peu de bien que vous avez su soustraire à la dissipation de votre époux. Ainsi donc, madame, si vous êtes jalouse de voir régner entre nous une heureuse paix, priez ces deux jeunes gens de ne plus reparaître ici, ou sans cela, je me verrai forcé de leur céder la place et de n'y plus revenir.

— Mais, monsieur....

— Je n'écoute rien, madame; vous m'avez entendu? c'est à vous de choisir qui, d'eux ou de moi, vous avez le plus intérêt à conserver.

En achevant ces mots d'un ton brusque, M. Gervais, sans daigner faire attention à l'état d'agitation dans lequel il venait de plonger madame Saint-Géran, s'éloigna d'elle et rentra dans le salon.

Minuit venait de sonner, le salon s'était dégarni; madame Goyo et sa fille, toutes deux plantées près de la porte de sortie, semblaient attendre que l'un des galans de la société vînt s'offrir à elles en qualité de cavalier; mais, hélas! aucun d'eux ne paraissait disposé à remplir ce noble emploi, et fatiguées d'attendre inutilement, la mère et la fille prirent enfin le parti de s'éloigner, non sans murmurer contre l'impolitesse des jeunes gens d'àprésent; et sans que Gustave, occupé près de Julie, s'aperçut le moins du monde de leur disparition.

— Mon Dieu! ce M. Gervais ne s'en ira donc jamais? disait tout bas la jolie fille, en voyant ce personnage étendu dans une bergère et les yeux sans cesse fixés sur elle.

— Adieu, messieurs, dit enfin madame Saint-Géran en s'adressant à Georges ainsi qu'à Gustave afin de couper court à l'entretien que tous deux semblent ne vouloir terminer de la nuit, et qu'alimente la présence de Julie. Il est fort tard, excusez donc une pauvre convalescente qui réclame de votre indulgence quelques instans de repos. Les deux amis loin de s'offenser de ce congé, l'acceptèrent en souriant; puis, adressant leurs salutations aux deux dames, se disposèrent à se retirer, en invitant monsieur Gervais à vouloir bien profiter de leur société.

— Soit, répond le vieux prêteur, se levant avec lenteur, car j'attendais votre départ pour effectuer le mien. Au revoir, mesdames.

Et tous trois s'éloignent ensemble; mais, parvenus au bas de l'escalier, quelle est leur surprise d'y rencontrer madame Goyo et sa fille, qui, sorties une grande demi-heure avant eux, attendaient en pestant qu'il plût au portier d'amener le fiacre qu'une pluie assez forte rendait indispensable. La voiture arrive, mais comme par fatalité, le cocher paraît ivre et même assez grossier; aussi, madame Goyo fait-elle difficulté de se confier ainsi que sa fille à la merci de ce manant. Heureusement que les deux jeunes gens, plus polis que M. Gervais, que l'embarras et l'attente de ces dames n'avaient pu retenir un seul instant, s'engagent aussitôt à accompagner la mère et la fille jusques chez elles. L'offre acceptée, on monte en voiture; malheureusement, l'heure avancée n'a pas permis au concierge de choisir le fiacre, et celui-ci n'est pourvu dans le fond, que d'une simple banquette et sur le devant d'un étroit strapontin : n'importe! madame Goyo commence par occuper à elle seule la moitié de la voiture, et fait placer ensuite Véronique à ses côtés, Gustave cédant de bon cœur le strapontin à Georges, s'assied entre les deux dames, en appuyant le plus possible du côté de la jeune fille, de manière que la petite se trouve à peu près assise sur ses genoux. Ils roulent; une conversation s'engage entre Georges et madame Goyo; pendant ce temps, Gustave animé par la douce chaleur de la jeune fille, hasarde envers elle quelques libertés que Véronique reçoit dans le plus profond silence.

Est-ce par timidité, ou le jeu plaît-il à la belle? c'est ce que l'audacieux Gustave se promet d'approfondir plus tard, et pour cela, voyant la voiture s'arrêter devant une maison de la rue Charlot, au Marais, le jeune homme demande à madame Goyo la permission de se présenter chez elle et de lui offrir ses hommages; ce que la dame, enchantée de la politesse des jeunes gens, accorde à tous deux sans la moindre difficulté, même sans que Georges eut manifesté le désir de cette faveur.

On se sépare, mais avant, Gustave, en secret, a pressé avec tendresse la main de Véronique, cette fois la jeune fille moins soumise qu'en voiture, l'a dégagée avec vitesse de celles du jeune homme, et s'est enfuie dans l'obscurité de la porte cochère.

— Caprice! s'écrie Gustave, n'importe! elle y reviendra.

Les deux amis roulaient de nouveau vers leur quartier, et Georges, à peine en route, demande à Gustave à qui il était redevable des coups de pieds que Véronique n'avait cessé de lui donner tout le temps qu'il était resté assis devant elle, et dont il n'avait osé se plaindre, par égard pour la mère, quoique se doutant fort bien de la cause de tous ces mouvemens. Gustave en riant aux éclats, raconte aussitôt à Georges son caprice, ses projets sur Véronique, dont la niaiserie et la fraîcheur lui ont monté la tête.

— Et qu'espères-tu d'une si belle conquête? demande l'ami.

— Fort peu de chose; mais l'occasion était trop favorable, et en conscience il faut terminer l'aventure, quand cela ne serait que pour passer le temps; ensuite il serait par trop impoli de laisser cette pauvre enfant en un si beau chemin.

— Mais si la mère allait te surprendre et te forcer de l'épouser?

— Par exemple! je l'en défie, dussé-je sauter par la fenêtre.

— Tu renonces donc à madame Surville?

— Y renoncer, grand Dieu! plutôt mourir.

— Alors, à quoi bon, puisque tu prétends aimer ma cousine, former une nouvelle intrigue?

— Badinage, te dis-je, caprice d'un moment.

— Fi donc! c'est mal, Gustave, très mal, et tu penses que je verrai sans regret madame Surville, ma parente, unir sa destinée à l'homme qui pour flatter, comme tu dis, le caprice d'un moment, ne se ferait aucun scrupule de deshonorer et perdre l'avenir d'une fille innocente et timide. Oh non!

— Allons! ne t'effarouche pas, mon cher; oui, j'avais tort, très tort; j'avoue qu'en formant de tels desseins j'avais oublié madame Surville, où du moins, chose plus possible, désespéré du bonheur de m'en faire aimer. Tranquillise-toi, l'honneur de la petite ne court plus aucun risque, de ma part j'entends; car demain, profitant de la plus aimable invitation je cours à Saint-

Cloud solliciter de la plus belle des femmes, un regard, un mot, un sourire.

— Prends y garde, Gustave, je suis jaloux du repos, du bonheur de cette femme accomplie, et je surveillerai de près ta conduite; non, point d'hymen avec elle, si je ne suis persuadé de ton entière conversion.

VIII.

Le Ménage d'un Célibataire.

— A quelle heure êtes-vous donc rentré cette nuit, monsieur ?

— A près de deux heures, ma chère Manette.

— Il y a-t-il le sens commun, monsieur

Gervais, à votre âge, de rentrer aussi tard, de me faire veiller et vous attendre passé minuit?

— Pardon, ma bonne petite, de t'avoir donné cette peine; mais hier, lorsque je sortis, tu étais absente et je n'ai pu te prévenir que je resterais dehors une partie de la nuit. Une autre fois, Manette, il faudra te coucher à onze heures et ne point fatiguer ta gentille personne par des veilles; entends-tu? bijou de mon âme.

— A ce qu'il paraît, monsieur se promet, je le vois, de mener pareille conduite, et de passer les nuits hors de chez lui? fi donc! à votre âge, y pensez-vous? Heureusement qu'il n'en sera rien, car j'exige qu'à dix heures vous soyez couché.

— Petit tyran, répond le vieillard en souriant et attirant à lui la jeune fille, sur la joue de laquelle, et sans éprouver de résistance, il dépose et fait résonner un gros et bruyant baiser.

— Finissez, monsieur Gervais, vous savez bien que désormais je ne veux plus avoir de bontés pour vous!

— Oh! et pourquoi donc mignonne? reprend le vieux d'un air calin en caressant la main de Manette, laquelle appuyée sur le dossier du grand fauteuil où est assis le vieillard, n'oppose qu'une molle résistance à ses entreprises amoureuses.

— Vous osez le demander, ingrat, lorsqu'après vos promesses et tous les soins que je vous ai prodigués depuis deux ans, vous songez à épouser une autre femme que moi, et à m'abandonner sans pitié.

En disant ces mots, prononcés d'une voix émue, Manette, avec le coin de son tablier essuie de feintes larmes qui en ce moment sont loin, bien loin de ses paupières.

— Allons! ne pleure donc pas, enfant, sois sage, et pense à ce qu'on dirait de moi dans le monde si l'on me voyait épouser ma servante.

— Votre servante? ah! par exemple, dites plutôt votre amie, monsieur, votre meilleure encore. Tel est le titre que devrait avoir près de vous la femme qui ne cessa de vous entourer de la plus tendre sollicitude, et que pour récompense vous rendites victime de votre séduction.

— Dam! aussi, mignonne, pourquoi si jolie, fis-tu de moi le scélérat le plus entreprenant? Cependant, entre nous soit dit, tu pousses l'expression un peu trop loin, car enfin, je ne crois pas avoir mené les choses au point que tu le prétends.

— Hélas! il s'en est fallu si peu que cela peut bien compter pour certain.

— Non, pas tout-à-fait, mon ange...

— Taisez-vous, monstre.

— En effet, répond Gervais cherchant à donner à sa figure une expression de malice; ce jour, j'avais assisté à un splendide festin électoral, auquel les truffes abondaient, et je me souviens qu'en rentrant ici et te voyant seule et si belle, me sentant tout gaillard, je ne pus résister au...

— Taisez-vous, ingrat, perfide, et ne ranimez pas, par un récit nouveau, les regrets que me causèrent votre conduite infâme.

Tout en parlant ainsi, le vieux bonhomme était parvenu à attirer Manette sur ses genoux, et la pressant dans ses bras se permettait certaines licences audacieuses.

— Finissez, monsieur, désormais ce n'est qu'à mon époux que je dois accorder de telles faveurs. Allez! courez près de votre maîtresse, de celle que vous jugez plus digne que moi de vous appartenir, passez-y les jours et les nuits et ne revenez plus me parler d'un amour qu'elle a su vous inspirer mieux que moi.

— La préférer à toi, ingrate! peux-tu le penser? oh non! Tu sais fort bien que je ne le contracte qu'afin de m'assurer par la dot de la fille le remboursement de la somme qui m'est due par madame Saint-Géran.

— Oui, je sais que votre avarice seule vous fait me sacrifier et trahir vos sermens, afin de rentrer en possession d'une misérable somme de cinquante mille francs. Balivernes que tout cela, car vous avez des titres, faites-les valoir; alors, vous exproprierez la mère, et une fois payé vous me prendrez pour femme.

— Mais, Manette, et le monde, encore une fois, que penserait-il en me voyant plonger deux pauvres créatures dans la plus extrême misère?

— Qui donc alors, monsieur, vous empêche de laisser ces femmes en possession de leurs biens, et de m'épouser comme vous me l'aviez promis; n'êtes-vous pas assez riche pour sacrifier cinquante mille francs, sans que cela vous soit préjudiciable?

— Diable! mais, ma mignonne, à cinq pour cent, cela fait deux mille cinq cents livres de rente, et ça mérite considération.

— La belle perte! répond Manette. Ainsi,

pour une pareille bagatelle, monsieur consent à er une sincère amie? Ah! c'est affreux!

— Te délaisser, Manette? non pas, tu seras toujours la chérie de mon cœur et sans cesse près de moi; de plus, je compte te faire du bien, t'assurer un sort aussi fortuné qu'indépendant.

— Oui, promesse que vous tiendrez aussi fidèlement que celle que vous me fîtes de m'épouser. Oh! je ne me fierai plus à vous.

— Manette, ce que vous dites là est très mal; vous ai-je jusqu'ici refusé, hors le mariage, ce que vous m'avez demandé?

— Certainement oui, car hier encore, je vous priais de m'avancer quinze cents francs pour racheter mon pauvre frère de la conscription, et vous me le refusâtes; cependant il me les faut aujourd'hui même, si vous ne voulez me voir mourir de chagrin de la perte de ce frère chéri.

— Tu les auras, ma mignonne, reprend

M. Gervais en souriant, mais à condition que tu ne gronderas plus ton cher minet.

— C'est heureux enfin, répond Manette en appliquant deux petits soufflets amicals sur les joues du vieillard. Ah! çà, maintenant, dites-moi, monsieur, cette demoiselle de Saint-Géran est donc une merveille pour vous tenir tant à cœur?

— Hum! elle est loin de te valoir, ma chérie, et sans ces maudits cinquante mille francs.....

— Taisez-vous, et, pour masquer votre perfidie, ne vous armez pas d'un faux prétexte : elle est belle, j'en suis certaine, et comme un vieux fou vous vous êtes amouraché de sa personne; prenez garde : cette femme est trop jeune pour avoir un si vieux mari; elle vous acceptera, parce que vous êtes riche et qu'un refus la mettrait, ainsi que sa mère, dans une affreuse misère; mais elle se vengera, et un jour vous serez...

— Hein! qu'allez-vous dire, Manette, me

prenez-vous pour un sot qu'il est facile de tromper? non pas, détrompez-vous. Au surplus, c'est la jalousie, Manette, qui vous rend injuste envers mademoiselle Saint-Géran : apprenez, mauvaise langue, que cette jeune personne est aussi belle que sage.

— Eh mon Dieu! qui dit le contraire? épousez-là donc, monsieur, et le plus tôt possible, j'y consens de grand cœur; mais avant, j'exige que, selon vos promesses, vous me meubliez un appartement.

— Tu l'auras, mon amour.

— Puis, je veux un cachemire.

— Soit, tu auras l'un et l'autre.

— De plus, un contrat, en bonne forme, de six mille livres de rente.

— Diable! diable! tu es ambitieuse, ma chérie; six mille livres de rente?

— Sans en rabattre un sou; et tout cela de suite, ou je mets opposition à votre hymen en vous proclamant mon séducteur, et.....

— Allons, allons! Manette, pas de menaces. Méchante! tu seras satisfaite, à condition que tu me recevras tous les jours chez toi, en tête-à-tête; que tu m'aimeras encore et seras fidèle.

— Approuvé! répond Manette; oui, mon chéri, pour vous, votre Manette sera toujours ce qu'elle a été. En prononçant ces derniers mots, qu'accompagnait un sourire moqueur, Manette, qui venait de passer son bras au cou de M. Gervais, l'attira sur son sein, et déposa sur son front un tendre baiser suivi d'une laide grimace, auquel, dans son doux transport, le vieillard répondit par mille et mille caresses.

— Assez, mon chéri, n'entendez-vous pas la sonnette qu'on agite; une visite qui vous arrive sans doute. Permettez-moi de passer dans votre cabinet, et dites à Friquet, votre valet de chambre, d'introduire lui-même près de vous cet importun visiteur.

A ces mots, Manette s'échappe, en rajustant d'une main la gaze dont elle vient de couvrir un sein plus blanc que l'albâtre, et court s'enfermer dans la pièce voisine. Un instant après, Friquet introduisit Gustave près de M. Gervais.

— Ah! ah! c'est vous, mon cher monsieur Gustave? Exact au rendez-vous, c'est très bien; il devrait en être toujours ainsi, même les jours d'échéance; mais ces jours-là sont ceux où, par une puissance magique, vous devenez invisible.

— Chut! pas d'épithètes, monsieur Gervais; oublions le passé, car à l'avenir l'exactitude sera mon devoir.

— Dieu vous entende, mauvais sujet, reprend en riant le prêteur d'argent. Ah! çà, vous venez pour l'affaire en question?

— Et pour le plaisir de vous voir, mon cher monsieur Gervais.

— Très bien, très bien! voyons, causons ensemble. Il est donc dit que vous accepterez les diverses marchandises que vous offre en échange de votre signature le sieur?...

— Permettez, permettez! mon cher monsieur Gervais; vous, homme répandu dans les affaires, j'ai pensé que, mieux que moi, il vous serait facile de trouver le placement de ces objets dont, je vous avoue, je serais fort embarrassé. Or donc, ne pourriez-vous les prendre pour votre compte, et moyennant un sacrifice, me donner de suite de l'argent comptant?

— Du tout! mon bon monsieur Gustave; ceci me donnerait un tracas dont je ne me soucie nullement; mais ce qui pourra vous arranger parfaitement, c'est que la personne qui consent à vous obliger s'est elle-même expliquée hier avec moi, et a manifesté l'intention que si les marchandises ne vous convenaient pas, de les échanger contre des écus, moyennant, comme vous dites, un petit sacrifice.

— Bravo! c'est mon affaire, s'écrie Gustave, hâtez-vous de conclure, monsieur Gervais.

— Rien de plus facile, du moment que j'ai plein pouvoir de traiter; enfin, pour aborder lestement la qestion, je suis chargé de vous proposer pour le rachat de ces dernières marchandises, que bien entendu vous venez d'accepter pour la somme de quinze mille francs, celle de sept mille six cent vingt livres.

— Peste! presque moitié de perte!

— Oh! mon Dieu! oui, c'est énorme, je l'ai pensé de suite; mais que voulez-vous? l'argent est si rare.

—Corbleu! quelle juiverie, s'écrie Gustave en frappant le parquet du pied: n'importe, à tout prix il me faut de l'or, et trente mille livres de rentes payeront cela facilement; et puis, c'est la dernière fois. Accepté, maître Gervais, payez de suite, voici mes deux effets, ajoute le jeune homme en jetant sur le bureau du vieillard deux acceptations.

— Très bien! maintenant il ne s'agit plus que d'une légère formalité, celle de donner une hypothèque sur certaine mâsure que, dit-on, vous possédez dans le Marais.

— Erreur! je l'ai vendue depuis un an.

— Diable! ceci est fâcheux, et rendrait presque le marché impossible s'il n'existait un moyen amiable.

— Lequel? expliquez-vous?

— Le dit vendeur, présumant cet inconvénient, et pour lors, voyant ses fonds horriblement exposés; m'a chargé de ne rien conclure à moins d'une petite augmentation dans les intérêts.

— De combien?

— Oh! une bagatelle; seulement un billet de cinq cents.

— C'est affreux!

— D'accord! mais l'argent est si rare.

— Tenez, finissons, et de grâce ne me

donnez pas le temps de réfléchir, je rougirais d'une telle folie. Comptez, mon cher Gervais, comptez vite, profitez de mon extravagance.

— Signez donc cette nouvelle acceptation, reprend M. Gervais présentant une feuille timbrée à Gustave.

— Vogue la galère! C'est fait, s'écrie le jeune homme après avoir apposé sa signature.

— Voilà votre argent; rendez grâce à mon estime, car sans elle personne au monde, je crois, n'exposerait ainsi son avoir.

— Vieux coquin! dit tout bas Gustave en mettant dans sa poche les sept billets de banque que vient de lui remettre l'usurier. Au revoir maître Gervais. Et le jeune fou s'éloigne.

— Quelle horreur! y pensez-vous, mon ami, de ruiner ainsi un malheureux? dit Manette en sortant de la chambre d'où elle a tout entendu.

— Chère amie, réfléchis un peu et dis,

avant de me blâmer, si tu consentirais à échanger, bénévolement, une somme de sept mille francs comptant contre de pareils chiffons de papier? répond l'usurier en montrant à Manette les billets que Gustave vient de lui remettre à l'instant même.

— Il est possible, si j'étais sûre que cette signature fut bonne.

— C'est très juste; mais malheureusement elle ne vaut rien, absolument rien, et je considère ce prêt plus qu'hasardeux; enfin comme une mise à la loterie. Mais, laissons cela, Manette, et fais moi servir mon déjeûner, car il est midi et mon estomac souffre de ce retard.

— Monsieur, votre cousin, monsieur Armand Dagui vient en ce moment vous visiter et attend dans l'antichambre la permission de se présenter devant vous, dit Friquet, vieux domestique, grand, sec, raide et laid, en entrant dans la chambre après avoir frappé plusieurs coups sur la porte.

— Que veut cet homme? demande Manette, ne se lassera-t-il pas de venir sans cesse importuner? Vous voyez bien, Friquet, que monsieur ne veut voir personne de sa famille, que ces gens ne viennent ici que pour demander? Dites que monsieur est malade et ne reçoit personne.

— Cependant ma chère, ce cousin est un brave et digne homme, et je ne serais nullement fâché de le recevoir une fois seulement.

— Friquet, faites ce que je vous dis. Et Friquet se retire d'un air très mécontent.

— Vous savez bien, monsieur, que je ne peux souffrir les gens de votre parenté, qu'il sont tous jaloux de l'amitié que vous me témoignez, et que vous ne pouvez rien faire qui me déplaise davantage que de les admettre chez vous.

— Mais, Manette, il y a de la tyrannie dans votre conduite; car enfin, voilà bientôt deux ans que vous êtes à mon service, et depuis ce temps vous ne m'avez pas encore permis de recevoir un seul membre de ma famille.

— C'est grand dommage, il est vrai ; mais cela doit être ainsi : ne savez-vous pas que tous ces gens ne viennent ici vous caliner l'épaule qu'afin d'obtenir une place dans votre testament. Tel est le monde : pauvre, on vous fuirait ; riche, on vous recherche, on vous adule, et tout cela pour de l'argent. Mais laissons ceci et déjeûnons.

En disant, Manette agitait la sonnette.

— Friquet, le cousin est-il parti?

— Oui, mademoiselle.

— Très bien! maintenant servez, et nous n'y sommes,.... et monsieur n'y est pour personne, ajouta la servante en se reprenant.

Friquet, non sans faire quelques grimaces, obéit à l'ordre et dresse deux couverts où se placent ensuite M. Gervais et la jeune fille; mais comme par une fatalité, à peine entament-ils le premier morceau, que Friquet revient en annonçant la visite de M. le marquis de la Baranpierre.

Alors le visage de Manette s'anime d'une expression de dépit, et sa fourchette jetée avec humeur retombe lourdement dans l'assiette.

— J'espère, monsieur, dit-elle, que pour ce beau personnage vous ne me forcerez pas de quitter la table?

— Non, mon ange, pas positivement; mais que penserait ce marquis, ce noble si hautain, si fier, de voir ma servante à mon propre couvert?

— Une femme jolie comme moi a droit à tout honneur, si honneur il y a de manger au même couvert que vous, monsieur, et si votre noblion soutenait le contraire ce serait un sot! entendez-vous?

— Sûrement Manette, je t'approuve, mais tu sais bien....

— Que vous êtes un indigne qui prétendez m'aimer et rougissez de ma société; n'importe!

recevez ce beau marquis de Carabas, si vous y consentez, quant à moi, je reste où je suis.

— De grace, ma chère Manette, refléchis à l'embarras où me plonge ton obstination; je suis loin de rougir de ta présence; mon enfant, mais il est de ces convenances....

— Que l'amour et l'amitié abolissent et font entièrement disparaître, reprend la servante.

— Ainsi donc, mademoiselle, vous persistez à demeurer à cette table ?

— Comme vous dites, mon amour, et je n'en quitterai qu'après avoir déjeûné.

— Alors donc, je vous cède la place et c'est moi qui me retire afin de recevoir le marquis au salon.

— Ce sera beaucoup plus décent, et je vous y engage, monsieur; mais hâtez-vous; car je ne mangerai qu'à votre retour.

— Vous êtes une entêtée, mademoiselle, c'est mal! très mal! Et cela dit, le vieillard quitta la chambre.

Manette reste seule près d'un quart d'heure, enfin jusqu'à ce que M. Gervais après avoir congédié le marquis revienne se mettre à table : sa figure allongée annonce le mécontentement, et le silence qu'il observe contrariant la jeune fille, l'engage à lui parler la première.

— Ah ! çà, monsieur, prétendez-vous me faire long-temps pareille mine ? Au moins, dites-moi à qui j'en suis redevable ?

— Vous osez le demander, femme obstinée et acariâtre ?

A ces mots, prononcés avec humeur, Manette laissa aussitôt échapper un long éclat de rire, puis approchant sa chaise tout près de celle de son maître, passa son bras au cou de ce dernier et d'une main lui prenant le menton :

— Regardez-moi en face, mauvais sujet, dit-elle en souriant ; fi ! que c'est vilain de bouder ainsi une femme qui vous aime ;

allons, monsieur, défroncez ce sourcil et faites tout de suite une gentille risette.

— Du tout! je suis sérieusement blessé, mademoiselle, de votre peu de soumission à mes ordres.

— Oh! que cette expression est grossière! Ne pouvez vous dire, monsieur, de votre condescendance à mes désirs! Car enfin, je crois qu'à mon égard, mon cher minet, vous avez perdu le droit d'ordonner. Un amant prie et ne commande pas. Jadis, il est vrai, vous m'admîtes chez-vous en qualité de servante; mais depuis ce temps, l'amour, ce dieu puissant qui subjugue les cœurs, bouleverse les empires et apprivoise les plus farouches, entre nous, s'est plu à détruire les distances en jetant le maître dans les bras de l'esclave.

Ces paroles prononcées avec emphase et gaîté, arrachent un sourire au vieillard.

— Mauvaise tête! tu fais de moi ce que tu veux, dit le vieillard en serrant la friponne dans ses bras; vas, je te pardonne, car vraiment, il est trop pénible de se fâcher après toi, impossible à moi de te garder rancune.

— Je fais de vous ce que je veux : osez-vous tenir un tel langage? infâme! Lorsque malgré mes larmes, mes prières, vous songez à m'éloigner, en en aimant une autre.

— T'éloigner! oh! jamais, ma chérie : ta présence est trop nécessaire à mon bonheur, à mon existence.

— A'ce qu'il paraît, monsieur à l'intention de faire un petit sérail de sa maison en y réunissant sa femme et sa maîtresse? Non, non! n'y comptez pas, je vous le repète; si une femme entre par cette porte, Manette aussitôt sortira par l'autre : choisissez, monsieur.

— Je t'aime mon enfant, je t'idolâtre, mais hélas! bien malgré moi, il faut que j'en finisse et que je me marie.

— Et bien! ne suis-je pas là, épousez-moi.

— Et les convenances ! Manette, les convenances !

— Je me moque des convenances, monsieur : d'ailleurs qu'aurait-on à dire ? Je suis jeune, jolie, spirituelle ; j'ai toujours eu pour vous les soins les plus doux, l'amitié la plus tendre, et vous ai montré étant votre maitresse, ce dont je serais capable si j'étais votre femme. Or donc ! en m'épousant vous êtes certain d'avance d'assurer votre bonheur et votre tranquillité à venir, tandis qu'avec une étrangère dontvous ne connaissez tout au plus que les qualités extérieures, vous risquez d'empoisonner vos vieux jours, d'être le plus malheureux des hommes et d'être cocu.

— Oh ! oh ! qu'est-ce à dire cocu ? s'écria M. Gervais en se redressant avec fierté : croyez-vous donc, mademoiselle, que j'agis en étourneau, et que je voudrais m'allier à une gourgandine ? Cocu ! par exemple !

— Cocu ! oui, cocu ! je n'en démordrai

pas, tel est le sort reservé à quiconque en cheveux blancs s'unit à la jeunesse.

— Mais vous êtes jeune aussi, Manette, et voulez être ma femme?

— Oh! moi c'est différent, je vous aime, pour vous, entièrement pour vous et non pour vos écus; ensuite je suis sage, très sage: de plus, ennemie des plaisirs et taillée en tout pour faire une excellente ménagère.

— Sans doute, mignonne, je suis loin de dire le contraire et si tu ne passais aux yeux du monde pour servante, je ne dis pas qu'un jour...

— Vous seriez mon mari, n'est-ce pas? reprend Manette vivement; eh bien! monsieur, ne croyez pas que notre intimité soit un secret, non, non! Vous le savez, l'amour ne peut se cacher, et tout le monde est instruit de celui qui nous lie l'un à l'autre; aussi, que de propos ne tient-on pas sur mon compte dans tout le quartier, et que ne dirait-on pas, si vous aviez l'indignité de me délaisser et d'en épouser une autre.

— On dirait... On dirait ce que l'on voudrait, que m'importe! s'écrie Gervais avec humeur. Manette, vous êtes une folle, et vous exigez l'impossible; contentez-vous, ma chère, du bien que je me propose de vous faire, vous serez satisfaite de moi; mais bornez-vous en là, et à l'avenir, ne me reparlez plus de mariage.

— Cela suffit, monsieur, répond séchement la jeune fille en s'éloignant du vieillard, et s'apprêtant à sortir.

— Allons, ma mignonne, sois donc raisonnable, et ne nous séparons pas fâchés.

Peines inutiles, car Manette a quitté la chambre sans avoir daigné répondre le moindre mot.

FIN DE LA PREMIÈRE PARTIE.

LA

SERVANTE MAITRESSE.

DEUXIÈME PARTIE.

IX.

Un moment d'Erreur.

Georges, le lendemain de la soirée de madame Saint-Géran, toujours ivre d'amour pour la belle Julie, ambitieux plus que jamais de la possession d'une femme aussi adorable, se disposait à se rendre près d'elle ainsi que de sa mère, afin de remplir la promesse qu'il s'était faite la veille, de demander la main de la femme qui avait su lui inspirer une si douce passion et chercher à obtenir à tout prix un bien si précieux pour son cœur, lorsqu'une visite presqu'inattendue vint retarder momentanément l'exécution de son importante démarche.

—Quoi! c'est vous, ma belle Manette? s'écrie le jeune homme en voyant entrer chez lui la jeune fille.

— Oui, monsieur, je vous dérange peut-être?

— Non, ma chère enfant, j'allais sortir, il est vrai, mais en votre faveur, je tarderai quelques instans, répond Georges quoiqu'assez contrarié de ce contre-temps. Asseyez-vous, Manette, et causons ensemble comme deux bons amis.

— Vous ne comptiez guère sur ma présence, monsieur, et cependant, en vous quittant avant-hier, j'avais promis de vous revoir le lendemain; si j'ai manqué à cette promesse, c'est que des devoirs importans m'ont retenu la journée entière; mais aujourd'hui, brûlant d'impatience, je n'ai pu résister au désir de me rapprocher de vous, dans l'espoir que votre ami ne viendrait pas une seconde fois interrompre notre entretien..

— Oui, je m'en rappelle, Gustave vous a causé une horrible frayeur; jamais sa présence chez moi ne fut plus importune.

— Hélas! monsieur, que devez-vous penser de mes démarches hardies? répond la jeune fille avec timidité et baissant ses beaux yeux vers la terre.

— Est-ce à moi à les blâmer, chère Manette? Quel homme ne serait point glorieux d'inspirer à une aussi jolie femme que vous de tendres sentimens. O merci, Manette! de me trouver digne d'être aimé, merci cent fois d'une préférence si flatteuse; mais mon enfant, m'est-il permis d'accepter cet hommage, de me livrer à tout le charme qu'il promet? Hélas! selon les lois de l'honneur, je crains le contraire; vous m'aimez, Manette, votre charmante bouche, vos suaves et délicieuses caresses ont pris soin de m'instruire de ce bonheur inespéré, de ce bonheur qu'un mortel doit payer d'un million d'amour, de cent ans de constance, et moi...

— Et vous, monsieur, vous n'éprouvez que froideur et indifférence pour la simple fille, pour celle qui, sans aucun titre à votre amour, vous offre le sien en échange.

— Froideur! indifférence! ah! qu'osez-vous dire, Manette? sont-ce là les sentimens que nous inspirent ceux de qui nous savons être aimés? Dites la reconnaissance, l'amitié la plus sincère, un dévouement éternel!

— Bien! très-bien, monsieur! mais tout cela n'est pas de l'amour.

— Non; cela vaut peut-être mieux, ma chère amie.

— Oh! n'importe! amour pour amour

telle est la devise de mon cœur, telle est son ambition.

En parlant ainsi, Manette avait penché sa tête languissante sur l'épaule de Georges, près de qui elle était assise; ses beaux cheveux noirs caressaient mollement le visage du jeune homme et des yeux; mais des yeux divins, pleins d'amour, d'ivresse, se fixaient sur les siens avec bonheur et volupté.

— Enfant! reprend Georges avec émotion, sentant sa vertu et son courage faiblir; et si celui que tu veux combler de tant d'ivresse ne pouvait te payer de retour, si son cœur ne lui appartenait plus?

— Silence! s'écrie la jeune fille en approchant ses lèvres de celles de Georges, par de tristes et douloureuses pensées, n'empoisonnez pas de si doux instans.

— Sirène! quelle est donc ta puissance pour enivrer ainsi; qui donc es-tu, toi que je croyais si timide, si craintive? oh! comme je m'abusais! et que tu es dangereuse! Vois,

Manette, je succombe au charme dont tu m'entoures, j'oublie tout dans l'univers; hélas! qui pourrait résister au désir dévorant de presser tes lèvres vermeilles, lorsqu'avec tant d'amour tu les offres à mes baisers brûlans, Manette! lorsqu'ainsi sur son cœur on sent battre le tien, lorsqu'avec amour, volupté, tu prodigues tant de charmes et de caresses, est-on coupable de céder aux transports qu'ils font naître? Oh non! car alors, la faute en est à toi, si bien faite pour inspirer l'amour et chasser la raison.

Comme en pareille circonstance le temps passe avec rapidité! déjà deux grandes heures se sont écoulées depuis que Georges et la jeune fille, dans un tendre et amoureux tête-à-tête, se livrent au charme d'un nouvel amour, et déjà aussi l'amant, qu'a seul égaré le plaisir des sens, ce charme irrésistible que fait naître l'attrait d'un plaisir vif et nouveau, mais auquel le cœur souvent ne prend aucune part, l'amant donc, commence à se repentir de sa faiblesse; alors une espèce de contrainte, une froideur subite remplace les brûlans transports, les baisers voluptueux; cependant Manette est bien jolie, c'est vrai; mais, hélas! elle n'était pas ce que pensait Georges, enfin elle ne lui avait pas réservé le bonheur de lui faire connaitre le premier les plaisirs de l'amour, et pour celui qui compte sur ce précieux avantage, il est cruel d'en être déçu. Le jeune homme, après s'être doucement dégagé des bras de sa nouvelle maîtresse, s'est approché de la fenêtre, et ses yeux n'ont point tardé à rencontrer Julie. Cette vue en augmentant les remords que lui cause déjà son inconstance augmente encore sa tiédeur envers celle qui vient de le rendre infidèle et parjure. Manette ne s'est que trop aperçue de ce changement subit, son orgueil blessé veut tenter de nouveaux efforts, elle veut ressaisir la proie prête à lui échapper, puis jetant de côté une feinte modestie, désormais inutile, elle transforme la grisette en une femme enjouée et mondaine.

La jeune fille ne tarde point à s'applaudir de ce changement, car ses manières aisées, ses manèges de coquetterie, l'expression enivrant et hardie qui s'échappe de ses yeux, ont attiré les regards de Georges, qui séduit de nouveau et entraîné malgré lui, enlace de ses bras le beau corps de la sirène, que par un baiser, un sourire récompense des aimables efforts qu'elle fait pour lui plaire.

— Vous riez maintenant! C'est heureux, dit Manette en tenant à deux mains la tête du jeune homme et jouant avec sa chevelure, pouvez-vous m'expliquer, monsieur, ce qui a pu occasionner le nuage qui tout-à-l'heure obscurcissait votre visage. O ciel! aviez-vous l'air froid et taciturne; en vérité, j'étais tentée de croire que vous éprouviez des remords du joli péché que nous venions de commettre ensemble?

— Cela pourrait bien être, ma chère Manette.

— Plait-il? Voilà qui est fort, par exemple, et vous osez l'avouer?

— Pourquoi pas? mais j'avoue actuellement qu'il y avait sottise de ma part.

— Je le crois bien, répond Manette; en tout cas, mon cher, vous seriez le premier de votre espèce auquel l'amour et la possession d'une jolie femme aurait causé de tels scrupules; si je ne vous connaissais particulièrement, je prendrais de vous la plus mauvaise opinion. Mais pour que je puisse vous pardonner une pareille offense, veuillez, monsieur, m'apprendre aussitôt ce qui rendait à vos yeux votre conduite si répréhensible; parlez vîte, et soyez véridique.

— Ma chère Manette, je crois qu'en ce moment un nouvel aveu serait aussi maladroit que le premier; plus tard nous reviendrons sur ce sujet.

— Non pas, monsieur, votre délicatesse du moment pique fort ma curiosité et double mon impatience; parlez, parlez de suite! je vous en supplie.

En disant cela, la jeune fille attirait Georges encore plus près d'elle, lui caressait le visage, puis, posant ses lèvres sur les siennes, les couvrait de baisers.

— Vous le voulez, Manette? reprend le jeune homme.

— Plus, monsieur, je l'exige.

— Eh bien donc! avant moi, Manette, un autre posséda votre amour?

— Hélas, oui! et cette demande de votre part, Georges, vous dispense de m'en dire davantage; mon Dieu! que j'étais folle de n'avoir point deviné de suite le motif de votre froideur; oui, monsieur, oui, j'eus le malheur d'avoir une faiblesse.

— Rien qu'une, Manette, reprend Georges en souriant?

— Oh! peut-être deux, les hommes sont si infâmes.

— Personne mieux que vous, ma chère amie, ne doit le savoir; mais vous venez de vous méprendre sur le motif de ma demande; non, je ne prétendais pas blâmer votre passé et vous garder rancune, de ce que femme faible et bonne, vous aviez fait des heureux avant moi, quoique cependant, j'eusse parié le contraire; mais je voulais savoir si un amant, qui de gaîté de cœur vous aurait trahi sans en éprouver le moindre remords, eût pu mériter encore votre approbation.

— Oh! c'eût été un infâme, je n'aurais jamais pardonné un tel affront.

— Eh bien! Manette, excusez donc les regrets que vous avez surpris en moi, en apprenant que j'aime, et que dans vos bras je viens de trahir l'amour le plus brûlant, que puisse ressentir un cœur d'homme.

— Oh ciel! vous aimez, monsieur?

— Oui, une jeune fille adorable au-delà

de ce que je puis exprimer, possédant grâce, beauté et vertu?

— Que sans nul doute vous comptez épouser?

— C'est le plus grand de mes vœux! s'écrie Georges avec feu.

— Ah! ah! et moi donc, monsieur, que deviendrai-je de cette façon là?

— Vous, Manette?... Oubliant entre nous un instant de faiblesse et cessant d'être amans, nous resterons amis.

— Superbe! en vérité! répond la jeune fille cherchant à cacher le dépit dont elle se sent animée; mais ce n'est point ainsi que je l'entends, et Manette est plus ambitieuse que vous ne le pensez, monsieur; lorsqu'elle donne son cœur, elle veut en revanche beaucoup d'amour, exige de grands sacrifices, tels enfin, que ceux qu'elle serait capable de faire en faveur de celui qu'elle aime; vous avez donc pensé que le caprice ou le libertinage avaient seuls conduits près de vous la pauvre fille, que sans amour elle vous livrait son corps? Oh! que vous vous abusiez étrangement; sachez donc, monsieur, que vous êtes l'homme que j'ai le plus aimé, celui dont j'envie depuis long-temps l'amour, la possession avec le plus de violence, mais, si jetant de côté tous sots préjugés, vous consentiez à me donner votre nom, à me servir d'ami, de guide dans le monde, jamais homme n'aurait eu de femme plus soumise, plus aimante, plus sage que la vôtre.

— Ah! ah! voilà qui est fort! reprend Georges en riant aux éclats.

— Et pourquoi donc monsieur cela est-il si fort? répond Manette rouge de dépit, est-ce parce que vous êtes riche? Orgueil alors! sachez donc que sans atteindre à la hauteur de votre fortune, qu'en devenant votre épouse ma main serait accompagnée d'une somme suffisante pour ne jamais vous être à charge; ce n'est donc pas l'ambition qui me guide, je vous prie de le croire. Quant à ma condition, à ma naissance, je vous crois trop d'esprit pour opposer un tel obstacle, d'ailleurs, une jeune et jolie femme est toujours assez noble aux yeux d'un galant homme; n'a-t-on pas vu de nos jours des fils de pairs de France épouser des danseuses, et un milord faire d'une blanchisseuse sa femme légitime?

—Certainement, ma chère amie, bien dupe celui qui sacrifierait une femme aimante et belle à un sot préjugé, et qui par orgueil se priverait d'un tel bien. Pour moi, la naissance n'est rien, et Manette, la fille de mon portier, n'en serait pas moins l'épouse dont je me glorifierais s'il m'était permis de lui donner mon cœur et ma main; mais j'aime et ne puis disposer de moi; c'est du bonheur que vous exigeriez, Manette? et enchaîné ailleurs je trahirais vos vœux en m'unissant à vous.

— Ainsi donc, monsieur, pour moi il n'est pas d'espérance, et celle dont vous venez de faire votre maîtresse serait indigne du nom de votre épouse? dit la jeune fille en essuyant ses larmes.

— Manette, ma bonne Manette, cessez un langage qui m'afflige; hélas! si j'avais pu prévoir vos desseins, que n'aurais-je pas fait pour échapper à votre divine séduction. Allons! ne pleurez pas, donnez-moi votre main et souvenez-vous, que si dans moi vous ne trouvez un époux, vous aurez du moins rencontré un sincère ami.

— Mon Dieu! mais quelle est donc cette femme assez heureuse pour mériter votre choix? oh! que je serais curieuse de voir cette merveille. Au moins, monsieur, satisfaites un seul de mes désirs en daignant me la faire connaitre.

— Non pas, répond Georges.

— Volontiers, monsieur, à votre aise, et que le ciel bénisse vos amours. En disant ces mots, Manette venait de quitter son siége et se dirigeait vers la porte.

— Vous me quittez? dit Georges cherchant à la retenir.

—Oui, je pars, répond la jeune fille d'une voix ferme et cherchant à concentrer son dépit. Adieu, monsieur Georges, adieu!

Puis elle s'éloigne, laissant le jeune homme assez surpris de l'expression et du regard dont elle venait d'accompagner ces dernières paroles.

X.

Un heureux Commencement.

Un léger tilbury venait de franchir avec vitesse les longues avenues du bois de Boulogne; puis, après avoir traversé le village du même nom, ensuite le pont de Saint-Cloud, il fut s'arrêter devant la grille d'une jolie maison de plaisance, située non loin des bords de la rivière.

— Madame Surville? demande au concierge l'élégant conducteur du frêle équipage.

— Madame est chez elle. Votre nom, monsieur?

— Gustave de Berney.

Le concierge introduit le jeune homme au salon, et cinq minutes après un valet vient le prier de vouloir bien monter au boudoir, où madame Surville l'attend en ce moment.

Gustave, introduit dans le charmant séjour, aperçoit la jolie femme couchée mollement sur une ottomane et lisant avec attention. Madame Surville, à l'approche du jeune homme, quitte aussitôt son livre, et lui dit en souriant:

— Je suis flattée de votre visite, monsieur Gustave; mais devant m'absenter une partie de la journée, j'eusse préféré que celle de demain m'amenât votre aimable présence.

— Hélas! madame, avouez que je suis bien

malheureux d'être tombé si mal à propos: moi, qui comptais sur le bonheur de passer près de vous quelques heureux instans, il faut renoncer à ce doux espoir et me retirer dans la crainte de me rendre importun...

— Oh! pas de suite, monsieur; l'affaire n'est pas si pressée que je ne puisse donner à mes amis le temps de respirer. Asseyez-vous près de moi; aussi bien je ne serai pas fâchée que nous causions quelques instans ensemble, d'autant plus que l'amitié qui m'unit à mon bon Georges, m'engage à partager l'intérêt que vous lui inspirez à si juste titre.

— Ah! madame, ne me sera-t-il permis d'espérer d'autres droits que ceux de l'amitié?

— Il me semble, monsieur, que vous êtes terriblement ambitieux et impatient, et que le peu de temps écoulé depuis notre connaissance ne peut vous permettre d'espérer davantage.

— Quant à moi, madame, il ne m'a fallu

qu'un jour, qu'un moment, pour sentir tout le bonheur que j'éprouverais, si j'étais assez heureux pour faire partager les sentimens que vous m'avez inspirés, et Georges a pu vous dire, madame...

— Oh! vous avez en lui un excellent avocat, qui certainement plaide votre cause avec le zèle le plus ardent; mais aurais-je dû l'écouter? Vous êtes si jeune, peut-être fort étourdi; et je tiens tant à mon repos, à ma liberté...

—Eh madame! n'est-ce pas un esclave que je vous offre en moi? quel risque courrait donc votre liberté? Vous adorer, vous plaire, condescendre à tous vos désirs: telle serait ma loi; oh! croyez que votre amour, votre possession seraient ma gloire, et que je ferai tout au monde pour légitimer une si précieuse faveur.

— N'allez pas croire, monsieur, reprend madame Surville, en laissant négligemment tomber sa main dans celle de Gustave, par ce que je vais vous dire, que je suis décidée à écouter vos beaux sermens; je vous préviens que c'est seulement une supposition. Si j'étais assez folle pour vous engager ma liberté, j'exigerais premièrement, de votre part, une grande sincérité.

— Cela ne me serait nullement difficile, madame; car alors, je ne vous entretiendrais que de mon amour et du charme que m'inspirerait sans cesse votre divine personne...

— Permettez-moi de vous dire, monsieur, que votre langage du moment ressemble trop à celui d'un héros de roman. Allez, on ne croit plus guère à ce verbiage, pas plus qu'à un être de raison. Dites plutôt franchement que je vous plais, que vous désirez que chez moi il en soit de même à votre égard; et si cela doit être un jour, tant que ces rapports subsisteront, ce sera le mieux du monde. On ne doit demander en amour qu'une grande loyauté; car aimer toujours n'est pas dans la nature, mais tromper est manquer à l'honneur. Lorsqu'à nous autres femmes un homme nous dit franchement j'ai cessé de vous aimer d'amour, il ne devrait essuyer, de notre part, ni plaintes, ni reproches, et n'en devrait pas moins demeurer notre ami. Vous conviendrez maintenant, monsieur, qu'avec une morale si indulgente, il y aurait infamie de me tromper.

— J'en conviens madame, répond Gustave en s'inclinant aux genoux de la jolie femme, mais croyez que toute ma vie s'écoulera à vous prouver mon amour et mon respect.

— Toute votre vie! s'écrie en riant madame Surville, en vérité en entendant cette superbe protestation, mon cher monsieur, on croirait que votre existence n'aura pas plus de durée que celle d'un papillon, et que vous ne devez vivre, tel que ce brillant insecte, que l'espace de quelques jours. Vraiment! à quoi servent ces démonstrations extrêmes? A rien; le temps seul découvre la vérité.

— Alors, madame, hâtez-vous de commencer l'épreuve.

— Attendons encore, je ne suis pas décidée.

— Mais pendant ce temps, madame, je meurs de douleur.

— Folie, monsieur, on ne meurt pas et l'on cherche à plaire.

— Ah! vous consentez donc que j'espère, et que chaque jour me voye à vos pieds... offrir mon hommage?

—Chaque jour, c'est beaucoup, mais enfin il faut bien que j'apprenne à vous connaître, que je sache si vous méritez de devenir mon maître. Oui, j'y consens, venez monsieur.

A ces mots, Gustave ivre de joie se précipite aux pieds de la dame, couvre ses mains de brûlans baisers; puis, implore la faveur d'en déposer un seul sur des lèvres vermeilles, mais il supplie en vain; la jolie femme refuse et repousse doucement l'ambitieux, et de sa bouche laisse échapper le mot sagesse, dont Gustave enflammé d'amour n'aurait tenu aucun compte, si un bruit de pas ne se fût fait entendre, au moment même, dans la pièce voisine. La porte s'ouvrit, et le vieux curé Bonin fit son entrée avant même que madame Surville ait eu le temps de se remettre de son émotion.

— C'est vous, monsieur le curé? dit la dame se levant subitement et allant à la rencontre du vieillard.

— Oui, madame, moi-même, fidèle au rendez-vous et tout entier à votre disposition.

— Veuillez m'excuser, M. Bonin, car je suis forcée de vous faire attendre le temps que je vais passer à terminer ma toilette; et si je suis en retard, n'en accusez que monsieur Gustave.

Madame Surville après cette excuse sortit pour aller terminer sa toilette. Durant son absence M. Bonin et Gustave causent ensemblent, et le jeune homme apprend de la bouche du curé que la dame et lui vont se rendre à un petit hameau situé à deux lieues de Saint-Cloud, lequel vient d'être, en grande partie, la proie d'un violent incendie qui a ruiné la majorité des habitans; et que madame Surville, bonne et charitable, s'empresse en ce jour d'aller consoler ces malheureux, et leur porter des secours.

— Un tiers serait-il de trop dans cette pieuse démarche? demande Gustave au curé.

— Je pense le contraire, répond le vieux pasteur.

— Permettez moi alors, monsieur, de me joindre à vous.

— Volontiers, monsieur, suivez votre généreux penchant et le ciel vous bénira.

En ce moment rentre madame Surville à qui Gustave fait part de son projet en la priant de l'admettre à cette bonne œuvre, la dame accepte; un léger incarnat est venu même colorer ses joues en écoutant la demande du jeune homme. Est-ce de plaisir? oh! oui, car dit-elle en lui prenant la main avec aménité : C'est bien, très bien ! ce début promet, venez avec nous, monsieur, essuyer quelques larmes.

Puis ils partent, franchissent l'espace avec rapidité, et arrivent sur une scène de désolation et de débris encore fumans. Le peu d'habitations échappées à l'incendie sont encombrées par les malheureux auxquels le feu a tout ravi; des plaintes, des gémissemens s'y font entendre; aussi, est-ce dans ces lieux que pénètre madame Surville, où elle se livre à toute la vertu de son caractère; où elle écoute avec patience, bonté, le récit des malheurs de chacun, elle console, ranime le courage abattu, et prodiguant l'or que sa bourse renferme, elle parvient à ramener le sourire sur des lèvres qui un moment avant ne s'ouvraient que pour livrer passage aux gémissemens du désespoir. En ce moment, hommes, femmes, enfans tous sont aux genoux de la généreuse dame, tous se disputent le bonheur de baigner ses mains des larmes de la reconnaissance.

— Relevez-vous, relevez-vous, mes amis, leur disait-elle, c'est trop de remercimens, trop d'humilité pour une chose si naturelle; je suis riche, vous êtes malheureux, n'est-ce pas mon devoir de venir à votre aide; et sur cette terre, le riche n'est-il pas le banquier du pauvre? Puis, se tournant vers Gustave qui placé près d'elle la contemplait avec respect et admiration. Et vous, monsieur, n'allez-vous de suite, remplir la mission qui vous amène ici?

— Pardonnez ma lenteur, madame, mais en extase devant votre vertu, votre bienveillance, je craignais par un geste, par un mot, de détruire le charme délicieux dans lequel me plonge cette scène attendrissante; j'attendais en respect, pour vous imiter, que toutes les bénédictions de la terre vous eussent élevée au ciel, seul séjour qui convienne à un ange tel que vous. Tenez, madame, ajoute le jeune homme en remettant à madame Surville une bourse remplie d'or, distribuez vous même ce que renferme ce réseau, en le recevant de vos mains, ce secours leur sera mille fois plus cher et plus précieux.

Un doux sourire, un regard où se peint le plus tendre intérêt, récompensèrent Gustave de sa bonne action; et lorsque dans ses mains madame Surville remit la bourse vide, une douce pression annonça au jeune homme son triomphe et l'assurance de son bonheur futur. Encore quelques instans consacrés aux malheureux, et Gustave ainsi que la dame s'éloignirent de ces lieux de désolation, en emportant avec eux des millions de remercîmens et de bénédictions.

Mais avant de retourner à Saint-Cloud, il fallut attendre le retour du curé Bonin, qui les avait quittés à leur arrivée, afin d'aller de son côté exercer aussi son zèle charitable. Quelques momens s'écoulèrent donc en attente; puis arriva le vieux prêtre tout essoufflé et démuni de sa soutane.

— Vous m'attendiez, n'est-ce pas? Pardon, mille fois pardon, dit-il en montant en voiture et se plaçant à côté de madame Surville.

—Sachant ce qui vous retenait, monsieur, vous n'avez pas besoin d'excuse.

— Oh! oui, il y avait bien des blessés à panser, des indigens à consoler ; le jour et la nuit auraient à peine suffi répond le vieillard; mais les forces m'ont manquées ainsi que les aumônes. Grand Dieu! quand donc aurai-je à ma disposition les revenus d'un bon évêché? Il y a tant de malheureux!

— Si l'accomplissement de votre souhait était le prix de la vertu, il serait déjà exaucé, mon cher monsieur Bonin, répond madame de Surville ; mais de grâce, apprenez-nous ce que vous avez fait de votre soutane ? ajoute la dame en fixant les bras nus du vieillard.

— Ma soutane ? madame.

— Oui ; l'avez-vous oubliée ?

— Non pas, non pas ; je l'ai prêtée à une pauvre femme, afin qu'elle en fît un vêtement à son jeune enfant, les siens ayant été brûlés dans l'incendie : le malheureux innocent, malade et presque nu, grelottait dans un coin, où sans doute il serait mort de froid.

— De vous, monsieur, ce trait ne me surprend nullement, je l'avais deviné en vous voyant venir au loin en cet accoutrement.

— Laissons cela, madame, rentré chez moi un autre vêtement remplacera celui-ci, et la pauvre femme n'en pourrait faire autant ; puisque l'infortunée n'a plus ni feu ni lieu.

La voiture roulait depuis une heure et en ce moment rentrée à Saint-Cloud, s'arrêtait dans la cour de la maison de madame Surville.

— Monsieur Bonin, vous dinez avec nous?

— Non, madame, impossible, mon devoir me rappelle au presbytère; j'aurai ce plaisir une autre fois; veuillez seulement me faire conduire dans votre voiture jusqu'à ma demeure, afin que ma toilette ne me rende pas l'objet de la curiosité de chacun.

Quelques minutes après Gustave se trouvait de nouveau en tête à tête avec la jolie dame. Deux heures plus tard, encore le même bonheur, dont alors il espérait jouir long-temps et sans interruption, car le repas terminé, madame Surville n'attendait aucune visite pour la soirée.

Assis près de la charmante dame, ivre d'amour et de désirs, Gustave met à profit l'heureux instant du tête-à-tête; sermens d'un amour éternel, promesses de fidélité, de soins, d'égards, tendres pressions, regards pleins de flamme, soupirs passionnés, tout enfin par lui est mis en œuvre afin de captiver, de subjuguer une faible femme qui, séduite, presque vaincue, n'a plus la force de résister au charme dont l'entoure son habile séducteur.

— Gustave, ferez-vous mon bonheur, m'aimerez-vous sincèrement? dit-elle d'une voix timide et émue, se sentant presser entre deux bras amoureux et incapable de résister davantage.

— Oui! oui! s'écrie le jeune homme hors de lui, ma vie, tout mon être pour vous.

Alors, la tête de la jeune femme tombe mollement sur le sein de Gustave, et sa bouche si belle, si vermeille, ressent aussitôt la pression des lèvres de l'amant; et mille baisers délicieux pleins de feu et d'amour, en portant le trouble dans son âme, la livrent sans force aux caresses de son heureux vainqueur.

Mais que les hommes sont ambitieux ! A peine Gustave vient-il de recevoir la preuve qu'il est aimé; à peine lui a-t-on accordé le droit de couvrir de baisers un visage enchanteur, les mains les plus jolies du monde, que l'audacieux, peu satisfait de si précieuses faveurs, ose encore désirer davantage et vouloir tout obtenir. Heureusement que chez la charmante femme la raison l'emporte sur l'amour, et que repoussant doucement le téméraire, elle refuse à l'amant ce qu'elle est décidée de n'accorder qu'à l'époux. Vainement Gustave conjure, supplie...; madame Surville a deviné le danger qui l'environne, et s'échappant des bras du jeune homme, court ouvrir les fenêtres et se place à l'une d'elles, donnant sur le parterre du jardin, où se tiennent en ce moment les gens de sa maison.

Venez, monsieur, vous placer près de moi, et respirer le parfum de mes fleurs, dit-elle à Gustave.

—Des fleurs! n'avais-je pas tout-à-l'heure à mes côtés la plus belle comme la plus fraîche? répond l'amant dépité, mais se rendant à l'invitation.

—Pourquoi alors, si vous la trouvez telle, vouloir tenter de la flétrir?

—Pourquoi m'enivre-t-elle par ses charmes divins?

—N'importe, monsieur, avant d'en disposer, sachez la mériter et en hâter la possession.

— Sa possession! s'écrie Gustave avec enthousiasme; ce soir, demain, madame, s'il était possible.

— Non, mais dans un an, si d'ici là vous ne vous êtes pas démenti.

— Un an! cela ne sera jamais alors, car vous conviendrez avec moi, madame, qu'avant cette époque je serai mort, mille fois mort d'amour et de désir, demandez quinze mortels jours, et je m'efforcerai de résister aux tourmens qui m'attendent d'ici là, mais un an!...

— Eh bien! monsieur nous verrons; cela dépendra de votre conduite envers moi; mais il se fait tard, mon ami, et pour commencer à me prouver votre respect, il faut en vous retirant de suite vous montrer jaloux de ma réputation, surtout envers mes gens, peu habitués à voir leur maîtresse en si long tête-à-tête.

— Déjà me retirer, mais il est à peine dix heures.

—Oubliez-vous que vous avez deux lieues à faire, et qu'à la campagne, chez une femme surtout, cette heure est presque indue?

—Hélas! madame, il faut donc obéir et se résoudre à un si pénible sacrifice?

— Oui, par amitié pour votre amie, mais demain vous la reverrez.

—Demain, oui, demain j'accours près

de vous, ivre de bonheur et de joie, mais le soir il faudra donc encore se séparer?

— Beaucoup plus tard qu'aujourd'hui, mon ami, car c'est à Paris, où mes affaires m'appellent, que nous nous verrons.

— O bonheur! quoi vous venez à Paris?

— Je dois même y rester quelques jours, et demain à trois heures je vous y attends, à mon petit hôtel de la rue de l'Université.

— J'y serai, madame, j'y serai; à demain donc!

— Puis suivent mille caresses, mille sermens, et la séparation.

XI.

La Demande.

— Oui, madame, je n'ai pu résister aux charmes de votre adorable fille, je l'aime, que dis-je? je l'adore! et désormais sa possession devient le plus puissant de mes désirs; sans elle je sens que je ne puis vivre.

— Mon Dieu! monsieur, combien votre demande m'honore et m'afflige à la fois. Apprenez, hélas! qu'il ne m'est plus possible de disposer de la main de Julie, que ma parole est donnée, et que de cet engagement dépend notre existence.

— Je sais, madame...

— Vous savez monsieur?

— Oui, qu'un avide créancier de votre mari, vous contraint au plus affreux sacrifice, et menace de vous dépouiller de votre faible fortune si vous ne lui accordez mademoiselle Julie pour femme.

— Ce n'est que trop vrai, monsieur, jugez de mon affreuse position; je comptais encore il y a quelques jours sur la réussite d'une affaire qui m'aurait donné la possibilité de satisfaire ce Gervais et me débarrasser de ses importunités, mais mon dernier voyage à Saint-Cloud a détruit toutes mes espérances et me place dans la nécessité absolue de donner ma pauvre fille, si jeune, si douce et si fraiche, à un vieillard morose.

— Non madame! non! ce malheur qui vous menace ne s'accomplira pas, accordez-moi la main de Julie, qu'elle m'accepte pour époux, elle seule suffit à mon bonheur, et aussitôt une partie de ma fortune va servir à payer votre dette.

— Quoi! non seulement en prenant une épouse sans fortune, vous pousseriez la générosité, monsieur, jusqu'à vous dépouiller d'une partie de votre bien; vous ne savez donc pas qu'il s'agit d'une somme de près de cinquante mille francs?

— Oui, mais qu'importe! n'ai-je pas douze mille livres de rente, et réduites à dix, n'en aurai-je pas encore assez.

— Oh! que vous êtes généreux, monsieur! mais dois-je accepter un tel dévouement?

— Puisqu'il fera un heureux.

— Dites deux, monsieur Georges.

— Vous acceptez donc, madame?

— Et avec la plus vive reconnaissance monsieur, ne s'agit-il pas du bonheur de mon enfant !

Madame Saint-Géran en prononçant ces dernières paroles ne put retenir quelques larmes que lui arrachaient la joie et la reconnaissance, une d'elles vint tomber sur la main du jeune homme qui en ce moment pressait celle de la dame.

Cet entretien avait lieu quinze jours après la soirée donnée par madame Saint-Géran, et depuis ce temps, Georges, sans cesse près de Julie, avait risqué l'aveu de son amour, que la timide jeune fille avait écouté en rougissant. Mais tandis qu'il demandait sa main, où donc était Julie? en visite depuis le matin chez madame Goyo, où devait la rejoindre sa mère; et comme l'heure était sonné, que madame Saint-Géran se disposait à partir, Georges, offrit de l'accompagner chez la mère de mademoiselle Véro-

nique afin de revoir plutôt sa chère et adorée
Julie. La proposition acceptée avec joie, un
fiacre les transporte rue Charlot, et s'arrête
au domicile de madame Goyo. Mais quelle
est la surprise de Georges, en entrant dans
le salon d'apercevoir, qui? Gustave : oui,
Gustave, qui malgré ses promesses n'en était
pas moins venu faire sa cour à la niaise Véronique.

— N'importe! se dit Georges, plus tard
l'explication.

En ce moment, il ne doit s'occuper entièrement que de sa Julie, car sa présence
semble la combler de plaisir et de joie. On
s'assied, on cause, on rit. Mais pourquoi
donc cette petite Véronique a-t-elle sans
cesse les yeux fixés sur Georges? la sotte!
cependant il s'occupe fort peu d'elle. La soirée est superbe, une chaleur extrême, le
Jardin Turc est à deux pas; on parle de s'y
rendre, d'y prendre des glaces; c'est ma-

dame Goyo qui en fait la proposition. Acceptée. Et l'on se met en route.

Oh! oh! voilà qui est fort; à peine au bas de l'escalier, mademoiselle Véronique saute au bras de Georges et s'y cramponne, cette fille est folle en vérité, ce n'est pourtant pas à elle que le jeune homme aurait donné la préférence. Que faire? Georges ne peut cependant commettre l'impolitesse de la refuser, surtout en ce moment que madame Goyo vient aussi s'accrocher de l'autre côté. Peste soit de ces femmes! heureux Gustave! ajoute Georges après avoir donné un coup d'œil derrière lui et aperçu Julie qui, triste et pensive, s'appuie sur le bras de l'ami.

Voici le jardin, on entre, on se place, encore Véronique, cherchant à s'assoire près de Georges, malgré l'invitation de Gustave qui lui offre une chaise près de la sienne, heureusement pour le jeune homme, que Julie a été plus vive cette fois, au moins elle est près de lui, il la touche, lui parle, l'admire, se plaint de son absence de la journée. La jeune fille sourit, répond doucement, doucement, car il y a tant de témoins et elle est si timide!

L'heure avancée donne le signal de la retraite; madame Goyo, non sans peine, se voit enfin forcée de mettre fin à l'interminable babil qu'elle n'a cessé de faire entendre depuis l'entrée au jardin, dans l'intention de faire comprendre aux deux jeunes gens son désir pressant de marier sa fille et d'accompagner sa main d'une dot de quatre-vingt mille francs comptant. Malheureusement pour la chère femme, ni Gustave, ni Georges n'ont manifesté de surprise en entendant citer le total de la somme, en revanche, la pauvre dame Saint-Géran, n'a pu s'empêcher de laisser échapper un soupir et de mordre ses lèvres de dépit. Véronique seule a relevé les paroles de sa mère, et regardant Georges en face, s'est écriée :

—Quatre-vingts mille francs! Oh! maman;

que je vous remercie de me donner tant d'argent!

A la sortie du jardin on se sépare, madame Goyo et sa fille regagnent la rue Charlot, après avoir remercié Gustave de son offre de conduite, et madame Saint-Géran au bras de Gustave, Julie à celui de Georges, s'acheminent lentement vers les boulevards et la Chaussée-d'Antin.

— Décidément, Gustave, dit Georges à son ami, après avoir quitté la mère et la fille à leur porte, tu persistes à ce qu'il paraît dans tes projets de conquête sur mademoiselle Véronique Goyo, et je vois que, près de devenir l'heureux époux de madame Surville tu prétends lui donner une rivale? et quelle rivale, grand Dieu!

— Folie, ou force de l'habitude, comme tu voudras le prendre, répond Gustave; enfin, mon cher, projet ridicule auquel je renonce dès ce moment. Je t'avouerai que j'avais cru cette petite digne d'un caprice et que j'étais assez faible pour succomber à la tentation, mais je me rétracte et te laisse, mon ami, tout l'honneur du triomphe, car tu n'es pas assez simple pour ne t'être pas aperçu que la petite niaise t'accorde sur moi la préférence.

— Je l'en dispense volontiers, j'en suis peu jaloux. Mais toi, Gustave, prétends-tu t'enflammer continuellement pour le moindre cotillon que le hasard jettera sur ton passage, époux de ma belle cousine ne te croiras-tu pas assez heureusement partagé pour lui rester fidèle?...

— Allons! allons! ne vas-tu pas t'alarmer pour la moindre peccadille? Au surplus, Georges, trêve de morale, ne suis-je pas d'un âge à me conduire moi-même sans avoir besoin d'un éternel censeur? J'adore madame Surville, et n'ai nullement l'intention de payer par l'ingratitude ses bienfaits et son amour; cependant, je ne prétends point qu'on me dicte un devoir que l'honneur doit seul me tracer.

— D'accord! mais lorsque tu t'en écartes, permets au moins que l'amitié te remette dans le chemin. A te parler franchement, et sans crainte, je me sentirais assez de force pour briser à temps une liaison qui ne préparerait à madame Surville que peines et regrets.

— La briser! s'écrie Gustave avec force en jetant un regard d'incrédulité sur Georges; va, crois-moi, mon cher, ce moyen n'est plus en ta puissance et ta volonté échouerait devant l'amour que j'ai su inspirer à la plus aimable des femmes, ne cherche donc pas par un zèle indiscret à détruire son bonheur et sa sécurité.

— Prends garde, Gustave, car je suis persuadé, que chez madame Surville, la raison, la crainte d'un funeste avenir, l'emporteraient sur l'amour.

— Peut-être! répond Gustave.

— Quoi! votre conduite l'aurait-elle sitôt

réduite à l'affreuse impossibilité de repousser votre alliance? s'écrie Georges en fixant le jeune homme d'un regard sévère et scrutateur.

—Je suis loin de compter sur un tel avantage, répond Gustave en souriant, je n'espère qu'en son amour. Mais brisons là, ajoute-t-il, ce soir tu parais querelleur et mal disposé, demain nous nous reverrons et ferons la paix, j'espère. Adieu, Georges, sans rancune.

Et Gustave s'éloigne sans plus attendre, laissant son ami seul au milieu de la rue.

XII.

Un Complice.

— Corbleu! quelle insolence! s'écriait monsieur Gervais en jetant sur son bureau une lettre qu'il venait de recevoir et de parcourir à l'instant même, repousser mon alliance avec un tel mépris, me trouver trop vieux pour sa fille! vraiment, cette femme est folle ou a fait fortune, depuis notre dernière entrevue, pour oser me traiter de la sorte! moi, son créancier pour cinquante mille francs, moi, qui d'un mot pourrais la réduire à la paille! ah! j'en suis capable, si dès demain elle ne m'a payé capital, frais et intérêts...

— Voilà qui me venge de votre ingratitude, monsieur, dit Manette en souriant, et appuyée sur le dossier du siège qu'occupe en ce moment son maître.

— C'est juste, ma toute bonne; j'ai méconnu ton amour, ton dévouement à ma personne, mais tu n'auras pas à t'en repentir; laisse-moi le temps de punir ces gens de rien, de ressaisir les sommes qu'ils me doivent, puis ensuite je serai tout à toi.

— Et vous consentirez à me prendre pour femme?... Parlez, monsieur; à quoi réfléchissez-vous donc? reprend la jeune fille avec humeur, voyant Gervais occupé à tout autre chose qu'à lui répondre.

— A la présence de ces deux jeunes gens chez cette Saint-Géran; depuis ce moment, j'ai conçu des doutes... oui, c'est de là que provient le refus que contient cette lettre; ensuite, j'avais remarqué l'empressement de ce Georges Dalmon près de Julie; ce jeune homme lui aura sans doute tourné la tête, et la petite sotte...

— Plaît-il! s'écrie Manette avec surprise et pâlissant, quel nom venez-vous de prononcer en parlant de certain amant?

— Parbleu! d'un nommé Georges Dalmon, assez joli garçon, et ami de ce mauvais sujet de Gustave. Tous deux assistaient, il y a quinze jours, à la soirée donnée par cette Saint-Géran.

Manette, que cette nouvelle semble attérer, reste quelque temps sans trouver la force de prononcer une seule parole; puis se remettant de son trouble :

—Et vous soupçonnez, monsieur, que ce Georges est l'amant de mademoiselle Saint-Géran, qu'il songe à l'épouser?

— J'en ai fortement l'idée; alors, il me payera pour sa belle-mère, ou sans cela!...

— Vous ruinerez ces femmes, n'est-ce pas? reprend Manette, et vous ferez fort bien; cela leur apprendra à ne plus prendre les honnêtes gens pour pis-aller.

— N'est-ce pas, ma mignonne, que je dois être furieux d'une telle impertinence, et que j'avais raison d'agir envers elles avec toute la rigueur possible?

— Un instant, reprend Manette; je réfléchis, monsieur, que votre vengeance pourra fort bien échouer devant la générosité de l'amant, et votre amour-propre n'en aura pas moins été blessé.

— C'est possible, mais au moins je serai payé; le reste, après cela, doit m'inquiéter fort peu; puisqu'en toi j'espère trouver un double dédommagement.

— Oui; mais franchement, à en juger par le mécontentement que vous fait éprouver cette mésaventure, et que vous vous efforcez de me cacher, je vois, mon cher amour, que dans tout cela il y a de votre part plus de contrainte que de sincérité et d'attachement à mon égard.

— Fi donc! Manette, peux-tu concevoir de pareilles idées? J'avoue que cette petite Julie m'avait séduit du premier abord; que sa modestie, ses charmes avaient fait impression sur mon cœur; mais j'y renonce sans regret, puisqu'en toi, chérie de mon âme, sans trouver moins de charmes, je trouve plus d'amour.

— Charmant! ce matin, vous êtes adorable; et c'est avec regret, mon cher amour, que je me vois contrainte de vous quitter pour quelques instans.

— Me quitter, Manette, et pour aller?...

— Jusque chez mon père et ma mère: tous deux m'ont prié de venir les voir ce matin; mais ne vous impatientez pas, mon ami; votre Manette, qui ne peut vivre longtemps éloignée de celui qu'elle aime, sera bientôt de retour.

La jeune servante, après avoir quitté Gervais, dirigea ses pas avec rapidité vers une maison voisine et de belle apparence, gravit deux étages; et parvenue dans le salon d'un joli appartement, dont elle a pris la clé chez le concierge, se laisse tomber sans force sur un siège, et durant quelques instans se livre tout entière aux tristes réflexions que lui inspire la découverte qu'elle vient de faire de l'amour de Georges pour mademoiselle Saint-Géran.

— Lui, l'époux d'une autre que moi! oh! jamais! s'écrie-t-elle avec transport. Oui, je renonce à la fortune du vieillard; que tout entière elle devienne, s'il le faut, la proie de Julie, et que cette femme me laisse mon amant, celui auquel, par amour, sans calcul, j'ai livré mon corps, prodigué mes caresses.

Ainsi disait Manette, lorsque plusieurs coups frappés sur la porte vinrent l'arracher à ses pensées. Surprise, elle se lève aussitôt! et marchant en silence, s'avance près de la porte, et à travers une des fentes, reconnaît Gustave dans le visiteur inattendu. Manette, contrariée, hésite à ouvrir; le jeune homme frappe de nouveau.

— Oui, qu'il entre, dit enfin la jeune fille, après avoir réfléchi quelques instants encore.

— C'est vous, Gustave; quelle idée vous amène chez moi : vous pensiez donc m'y rencontrer?

— Je passais devant votre porte, ma chère Aloïse, et je n'ai pu résister au bonheur de vous dire un bonjour, votre portier m'ayant annoncé votre présence au logis.

— Vous avez donc oublié que je ne voulais plus vous recevoir ici, et toute intimité étant rompue entre nous, que vos visites devenaient importunes.

— Pardon, charmante amie, mais si vous avez eu la cruauté de rompre la liaison d'amour qui nous liait l'un à l'autre, je n'ai pas prétendu détruire celle de l'amitié; ensuite, vous dois-je pas mille remerciemens, mille obligations qui m'attachent pour la vie à votre adorable personne? Ainsi donc, charmante marquise...

— Cessez, de grâce, monsieur, de me continuer ce titre que vous savez ne pas m'appartenir, et qui ne me fut donné que par vous et par orgueil au temps de nos amours; dès ce moment je l'abdique, ainsi que ce nom d'Aloïse qui, selon vous, paraissait plus noble que celui de Manette. Finissons donc cette comédie, et puisqu'un hasard, que j'appelle heureux, vous amène près de moi en un moment où vous allez me devenir nécessaire, daignez m'entendre et me prêter votre attention:

— J'écoute, jolie Manette.

— Vous avez un ami nommé Georges Dalmon?

— Oui, un excellent garçon, un peu trop moraliseur, par exemple.

— Sachez donc, monsieur, que c'est lui que j'aime et dont je vous parlais il y a quelques jours.

— Je le savais; car, ma toute belle, je vous surpris chez lui un soir, en allant demander l'hospitalité, je vous reconnus au moment où vous vous échappiez en silence.

— Quoi! vraiment? mais je fus vous voir le lendemain, et vous ne me dites rien.

— Ceci était votre secret; ensuite, j'aurais craint de vous contrarier.

— C'est juste; en ce moment vous aviez besoin de ma bourse, et les égards devenaient nécessaires.

— Chère amie, vous avez de moi l'opinion la plus détestable.

— C'est que vous la méritez si bien. Mais laissons cela, et dites-moi s'il est vrai que votre ami soit amoureux d'une demoiselle Saint-Géran dont il compte faire sa femme? surtout, ne me trompez pas.

— Puisque vous l'exigez, ma chére, je répondrai oui, au risque de vous désespérer.

— Cette jeune fille est donc bien jolie?

— Délicieuse, adorable! une Hébé enfin.

— Gustave, s'il est vrai que vous conserviez quelque amitié pour moi, il faut m'aider à rompre ce mariage.

— Diable! çà ne sera pas facile; de plus, ce serait faire le malheur de Georges.

— Ah! je conçois : monsieur préfère le mien.

—Du tout! pas plus de l'un que de l'autre.

— Vous n'avez donc pas entendu que j'aime votre ami, que je l'adore, et vous ne comprenez pas que le voir pressé dans les bras d'une autre ferait mon désespoir! reprend Manette en saisissant avec énergie le bras de Gustave. Sachez donc, ajoute-t-elle, qu'en ce moment, pour lui, pour son amour, je suis prête à sacrifier une fortune; que bientôt je puis devenir l'épouse du riche Gervais, et qu'un mot de Georges me fera renoncer cent fois au sort fortuné qui m'attend?

— D'accord, ma toute belle; mais j'éprouve des scrupules à détruire le bonheur que ce bon Georges espère trouver dans ce prochain mariage; ensuite, ce serait mal le récompenser du service qu'il m'a rendu en me faisant connaître sa gracieuse cousine, ma délicieuse future.

— Oh! vous devenez susceptible et reconnaissant, pour tout autre qu'envers moi il est vrai, et j'ai droit de m'en plaindre. Cependant, j'étais loin de m'attendre au refus d'un service que je puis exiger.

— Exiger! s'écrie Gustave blessé de l'expression.

— Oui, monsieur, exiger. Avez-vous donc oublié que vingt fois vous trouvâtes en moi une sincère et généreuse amie, que sans elle, sans ses sollicitations, M. Gervais depuis long-temps aurait fait fermer sur vous les portes de Sainte-Pélagie, que les titres qui lui accordent ce droit peuvent, dans une heure, être en ma puissance, et que rien alors ne m'empêcherait d'en faire une arme contre votre ingratitude?

Diable! diable! ce serait infâme, murmure Gustave tout bas, et cela ferait grand tort à mon mariage. Mais douce amie, qu'espérez-vous en cherchant à détruire l'union de ces deux tendres amans, serait-ce dans l'espoir de devenir la femme de Georges?

— Peut-être! mais ceci me regarde, répondez seulement : puis-je compter sur vous, consentez-vous à me seconder?

—Pourriez-vous en douter ma charmante, et cependant que Satan fasse de moi sa proie si je sais par quel moyen m'y prendre.

— Comment vous, si inventif en expédiens?

—D'accord! mais comment attaquer? est-ce par Georges, en cherchant à le détourner d'une femme qu'il idolâtre, pour laquelle il ferait je crois les plus grands sacrifices, fusse même celui de sa fortune? De ce côté l'échec serait certain.

— Alors, commencons par la petite.

— Bah! elle en rafolle, et parler contre son amant serait peine perdu, à moins de joindre la preuve au crime, et l'un et l'autre nous manquent.

— Vous n'ignorez pas que madame Saint-Géran se trouve être débitrice de M. Gervais pour une somme de cinquante mille francs, à laquelle somme il renonçait en faveur de la main de Julie Saint-Géran?

— Voilà notre affaire trouvée, s'écrie Gustave; que Gervais épouse la petite en dépit de son amant.

Alors Manette raconte à Gustave qu'ignorant les amours de Georges et de Julie, et voulant conserver l'ascendant qu'elle exerçait depuis long-temps sur son maître, elle avait détourné le vieillard de ce mariage, comptant elle-même devenir sa femme et partager un jour la fortune que lui assurerait cette union, avec celui que son cœur préfère : puis ajoute, que cependant il lui aurait été facile de faire revenir Gervais à ses premiers desseins sur mademoiselle Saint-Géran, à laquelle il ne renonçait pas sans regrets; si malheureusement la mère de cette jeune fille ne venait pas de remercier le vieil épouseur en lui annonçant le remboursement de sa créance.

— Oh! ce dernier point est fâcheux, dit Gustave, sans lui de vives poursuites nous auraient débarrassés de la fille en en faisant une dame Gervais. Cependant madame Saint-Géran n'est pas fortunée, et la somme en question forme, à ce qu'on dit, tout son avoir?

— Et ne comprenez-vous pas qu'espérant dans Georges un gendre riche et généreux, elle fait très volontiers le sacrifice de son avoir?

— Alors, reprend Gustave, ce serait de ne pas lui donner le temps de réaliser la somme, et de poursuivre à outrance.

— Mauvais moyen: elle saura gagner le temps nécessaire, et se tiendra cachée jusqu'à ce qu'il lui soit possible de rembourser. Ainsi donc, laissons ce moyen de côté, et offrez-m'en un plus certain et plus prompt.

— Ma foi! ma charmante, je m'y perds et j'y renonce.

— Ainsi qu'à votre liberté? répond Manette avec humeur et sévérité.

— Du tout! et mon mariage donc?

— Je serais désespérée de vous le faire manquer, mais il devient dès ce moment la condition de celui de Gervais avec mademoiselle Saint-Géran.

— Voilà qui est fort! je ne m'attendais guère à un pareil obstacle, et il n'y a qu'un mauvais génie de votre espèce capable d'en imposer un semblable.

— Allons! du courage; nos destinées sont désormais unies, heureux tous deux, ou malheureux ensemble, dit Manette en laissant échapper un sourire sardonique.

— Peste soit de vos amours et de la manie de m'en rendre responsable, répond Gustave en se levant vivement et se promenant à grands pas dans la chambre.

— Il me vient une idée, dit Manette.

— Tant mieux, mettez-la à exécution et rendez-moi ma liberté; au surplus, quelle est-elle?

— Ne pourrait-on exciter la jalousie de l'un et de l'autre, les brouiller ensemble? vous, si heureux en femmes, infaillible en conquêtes, ne pourriez-vous séduire la petite?

— Mais, chère amie, si ma future venait à le savoir?

— Bah! qui l'en instruirait?

— Parbleu! Georges.

— C'est juste, mais la chose n'en tournerait pas moins à mon avantage.

— Merci! de votre générosité, vous n'êtes pas égoïste, ma charmante, c'est le minet. Mais il me vient une idée à moi, heureuse! fort heureuse!

— Expliquez-vous?

— Inutile : je veux avant de vous en instruire sonder moi-même le terrain; demain trouvez-vous ici à cette heure, je vous apprendrai ce que vous devez espérer. En ce moment occupez vous de ranimer les projets de Gervais, remontez sa tête en faveur de Julie, faites en sorte qu'il voie madame Saint-Géran, et lui redemande sa fille ou son argent, qu'essuyant un nouveau refus il menace et tempête. Au revoir, ma toute belle, je cours servir vos intérêts. Cela dit, Gustave, après avoir pris de force un baiser à la jeunefille, s'éloigne en lui disant à demain.

XIII,

L'Album.

— Comment! seule ici? disait Georges à mademoiselle Véronique Goyo, en entrant dans le salon de madame Saint-Géran, à qui il venait rendre visite, et n'y rencontrant que la jeune fille occupée près d'une fenêtre à parcourir un album.

— Oui, monsieur, je suis venue dans l'intention de passer un instant près de Julie, et le malheur veut qu'elle soit sortie avec sa mère; heureusement! vous voilà, et vous allez me tenir compagnie jusqu'à leur retour.

— Très volontiers, mademoiselle, répond le jeune homme en prenant un siège et se plaçant près de Véronique: que faisiez-vous donc là?

— Je feuilletais cet album et admirais les charmans dessins qu'il renferme; plusieurs sont de vous, car il porte votre nom?

— Oui, mademoiselle.

— Alors, veuillez donc m'expliquer le sujet de celui-ci, dit Véronique en se penchant vers Georges, de manière que sa joue touche presque celle du jeune homme.

— Oh! ceci n'est rien, seulement la simple esquisse d'une chambre de garçon, de la mienne enfin.

— Ah! et ce jeune homme occupé à regarder à travers cette grande lunette, n'est autre que vous, sans doute! que regardiez-vous donc ainsi?

— Une fenêtre située positivement devant la mienne, répond Georges en souriant; vous n'ignorez pas, ajoute-t-il, qu'avant d'avoir l'avantage d'être admis en cette maison je connaissais ces dames, de vue, grâce à mon cher télescope? Un jour donc que je leur confessais mon indiscrétion, toutes deux exigèrent, pour punir ma témérité, que je dessinasse ma chambre et moi-même épiant leurs actions.

— Savez-vous, monsieur, que ce que vous faisiez-là était fort indiscret?

— J'en conviens, mademoiselle, et pourtant à ce péché je suis redevable d'un grand bonheur.

Cette réponse arrache un léger soupir à Véronique, sa figure se rembrunit d'une teinte mélancolique, et la jeune fille se replaçant sur sa chaise, reste quelques instans triste et silencieuse.

— Ces dames tardent bien à rentrer, reprend Georges.

— Monsieur trouve le temps long, à ce qu'il paraît? je le conçois, loin de ce qu'on aime, les heures sont des siècles.

—Auriez-vous déjà éprouvé ce tourment, mademoiselle?

Véronique laissa cette demande sans réponse et se contenta de rougir; puis présentant une seconde fois l'album à Georges :

— Quel est le sujet de cette jolie gravure? monsieur, demande-t-elle.

— C'est une jeune fille surprise par son père dans la chambre de son amant.

— Voyez donc, monsieur, comme elle paraît honteuse; et puis l'amant qui essaie de sauter par la fenêtre.

— Oui, mais il n'y réussit pas. Ce sujet est tiré d'une jolie historiette, qui nous apprend que l'amant surpris en flagrant délit, fut forcé d'épouser cette jeune fille qu'il n'aimait pas sincèrement, et tentait de deshonorer.

— Comment, il l'épousa tout en ne l'aimant pas ?

— Il le fallait bien, les lois l'y contraignaient.

— Et la jeune fille fut-elle heureuse malgré ce mariage forcé ?

—Oui, l'amant prit son parti gaiment, et comme il avait la preuve qu'elle n'avait jamais aimé que lui, il l'aima à son tour. On peut appeler cela l'heureuse imprudence, mais elles ne se terminent pas toutes aussi gaiement.

— Oh! non, répond Véronique d'une voix émue, et devenant rêveuse.

— Qu'avez-vous, mademoiselle, vous paraissez chagrine ?

— Rien, monsieur.

— Cependant à en juger par la tristesse qui dans ce moment se peint sur votre visage....

— Oh! rien, rien, vous dis-je, seulement un souvenir.

— Celui d'un ingrat, peut-être?

La jeune fille ne répond pas et se contente en soupirant, de faire de la tête un signe négatif; puis, après quelques instants passés dans un commun silence:

— Comment! monsieur, les lois forcent un homme à épouser la femme avec laquelle on le surprend en tête-à-tête? reprend Véronique.

— Pas toujours, mademoiselle, cela dépend des circonstances, il faut....

Georges en ce moment fut interrompu dans sa réponse par l'arrivée de Julie et de sa mère; ravi de leur retour, il se lève avec empressement, court à leur recontre et prenant avec tendresse la main de sa jolie future, l'amène vers un siège placé près de celui qu'occupe Véronique.

En entrant, la mère et la fille ont aperçu tout de suite mademoiselle Goyo, Julie a souri et embrassé son amie d'enfance; mais madame Saint-Géran dont les traits semblent altérés, dont le visage porte en ce moment l'empreinte d'une vive affliction, s'est contentée seulement d'adresser à Véronique un simple signe de tête, sans cependant parvenir à déguiser la contrariété que semble lui inspirer la présence de la jeune fille. Georges, tout entier au bonheur de revoir Julie dont il est séparé depuis la veille, ne s'aperçoit pas de la mauvaise humeur de madame Saint-Géran, ni même de la teinte mélancolique répandue sur le joli visage de son amie. Assis à côté de Julie, le jeune homme ne peut contenir ses transports amoureux, et cependant Véronique le regarde, l'entend, et témoin des égards, des caresses qu'il prodigue à mademoiselle Saint-Géran, laisse échapper quelques légers soupirs que lui arrachent sans doute le dépit ou l'envie. N'importe! Georges ne voit que celle qu'il aime et la journée ne s'en passe pas moins de la même manière. Enfin la nuit arrive, et avec elle un renfort de visite dans la personne de madame Goyo, suivie peu après de celle de Gustave : les heures s'écoulent, la soirée est triste, les deux mamans se font froide mine, les deux jeunes gens qui ne se sont pas revus depuis le soir témoin entre eux d'une petite discussion, se parlent à peine, Véronique muette et guindée clignotte ses petits yeux qu'elle tient sans cesse fixés sur Georges que cette attention contrarie au dernier point.

— Dix heures ! il faut partir. Véronique, mettez votre chapeau, dit enfin madame Goyo; monsieur Gustave, ajoute la dame en s'adressant au jeune homme, serait-ce abuser de votre galanterie que de vous prier de vouloir bien nous donner votre bras jusque chez nous, la soirée est superbe et je souhaiterais m'en retourner doucement par les boulevards.

— Très volontiers, madame, je suis tout à votre service.

On se sépare avec froideur, mais en passant devant Georges qui seul reste chez madame Saint-Géran, Gustave qui s'en est approché lui dit à demi voix :

—Cette fois me gronderas-tu d'être galant envers la mère et la fille, suis-je maître de refuser leur invitation? A demain, mon cher, nous nous reverrons.

— De grâce, madame Goyo, dites-moi d'où vient le refroidissement que j'ai remarqué ce soir entre vous et madame Saint-Géran? demande Gustave à peine dans la rue, une dame à chaque bras.

— Ne savez-vous pas, monsieur, que l'intérêt divise sans cesse les amis les plus intimes? Sans me flatter, madame Saint-Géran m'a de grandes obligations, mais ce n'est pas une raison parce qu'on aime à rendre service à ses connaissances, pour qu'elles en abusent. Apprenez donc, que madame Saint-

Géran me fait la mine parce qu'il ne m'a pas plû de lui prêter cinquante mille francs qu'elle dit nécessaires au mariage de sa fille et qu'elle est venue me demander aujourd'hui.

— Cette somme est énorme, répond Gustave, et le prêt en est fort délicat. Madame Saint-Géran avant de l'obtenir pourra bien essuyer plus d'un refus; mais, connaissant l'emploi de cette somme, j'avais entendu dire que Georges s'était empressé de l'offrir à la dame, afin d'écarter tout obstacle à son union avec Julie.

— Certainement, et le jeune homme ne demande qu'un mois pour la réaliser, mais madame Saint-Géran dont l'orgueil s'allie fort mal avec sa position présente, desirerait ne point avoir cette obligation à son gendre futur et se procurer les cinquante mille francs; c'est égal, la pauvre femme aura beau faire, il faudra qu'elle y vienne. Avouez, monsieur, que votre ami va faire là un triste mariage?

— D'autant plus que je ne le crois pas épris de la jeune personne autant qu'on pourrait le penser, répond Gustave en s'adressant plus à Véronique qu'à sa mère et appuyant fort sur cette phrase.

— Vraiment, monsieur, vous croyez qu'il n'aimerait pas Julie autant qu'il l'affirme? dit la jeune fille avec vivacité.

— Je le pense, et selon moi une autre personne ferait beaucoup mieux son affaire.

— Ma fille, par exemple! s'écrie madame Goyo, à la bonne heure! en épousant celle-là, on n'aurait pas à payer, avant le mariage, les folies des parens, et quatre-vingts bons mille francs seraient le prix de cette sage préférence.

— Le maladroit! répond Gustave, devrait-il hésiter un seul instant; ah! si je n'étais moi-même sur le point de m'unir par les liens du mariage et que ma parole ne fût point plus sérieusement engagée que la sienne, certainement qu'une jolie personne telle que mademoiselle Véronique, ne serait pas la femme d'un autre que moi, si cependant j'avais le bonheur de lui plaire.

— Oh! vous dites cela, monsieur, mais...

— Il n'y a pas de mais, mademoiselle, je parle comme je sens, et même je dirai plus, c'est que, si un événement quelconque pouvait dégager Georges envers madame Saint-Géran et sa fille, je suis convaincu qu'il demanderait aussitôt votre main à madame votre mère. Doutez donc maintenant de la puissance de vos charmes.

— Et moi, je le crois sans peine, dit madame Goyo, car enfin, quatre-vingts mille francs ne sont certainement pas à dédaigner.

— Ah! madame, dites plutôt que les grâces de mademoiselle, ses vertus, ses talens forment une dot assez riche pour satisfaire l'homme le plus ambitieux.

— Sûrement, c'est beaucoup, et quatre-vingts mille francs avec...

— Cela ferait quatre-vingts mille francs, et en plus, madame, des qualités sans nombre. Enfin, je sens tellement l'avantage que mon ami éprouverait dans une union aussi bien assortie, que si je pensais que, de votre côté, il y eût un peu de désir, je m'engagerais volontiers à débarrasser Georges d'un engagement aussi imprudent que ridicule, et à l'amener à vos pieds, amoureux et soumis.

En entendant cette proposition, Véronique au comble de la joie, ne sachant comment témoigner sa vive reconnaissance à Gustave, n'imagine d'autre moyen que de lui presser le bras avec force.

— Chut! assez parlé sur ce sujet en présence de cette petite, murmure madame Goyo à l'oreille de Gustave; demain, venez me voir et nous causerons ensemble, car votre proposition me convient infiniment.

— Que dites-vous donc tout bas à monsieur, maman? demande Véronique en penchant la tête vers Gustave et la dame.

— Je remerciais monsieur, d'avoir bien voulu nous accompagner jusqu'à notre demeure, répond madame Goyo en soulevant le marteau de la porte de sa maison.

XIV.

La comtesse de Villiers-le-Bel.

— En vérité, Manette, je ne vous conçois pas. Quoi! après avoir fait les cent coups pour me détourner de ce mariage, aujourd'hui vous me contraignez à le renouer?

— Oui, monsieur, c'est vous donner une

preuve de mon estime que de me montrer jalouse de votre honneur. Comment! des femmes qui depuis un siècle abusent de votre patience, de votre bonté, qui n'existent pour ainsi dire que par vos bienfaits, se permettront de refuser votre alliance et de vous préférer un petit freluquet; non, non! il ne sera pas dit que l'on se sera joué d'un homme tel que vous; épousez, monsieur, croyez-moi.

— Mais, Manette, elles me refusent et parlent de me payer.

— Jactance que tout cela, elles ne possèdent seulement pas un sou vaillant; croyez-moi, rendez-vous chez madame Saint-Géran, ayez un entretien avec elle, exigez votre argent dans les vingt-quatre heures; de plus, séduisez cette femme par le détail de vos richesses, par de brillantes promesses, et vous réussirez.

— Corbleu, ma mignonne! quel feu. Mais,

toi, ma chatte, toi, qui m'aimes, qui me veux pour époux?

— Qu'importe! ma personne, monsieur n'avez-vous pas votre amour-propre à venger? D'ailleurs, perfide, ajoute Manette en communiquant à ses paroles une espèce d'émotion, croyez-vous que je suis votre dupe, que je ne me suis pas aperçue de votre froideur, que la belle Julie est le seul objet que votre cœur préfère? Allez, allez, monstre! je n'ai que trop su lire dans le fond de votre âme.

— Erreur, Manette, je n'aime véritablement que toi, je le sens.

— Menteur! vous osez me dire cela en face; Ah! ne cherchez pas à m'abuser, à vous tromper vous-même sur vos propres sentimens; car je vous le répète, vous aimez mademoiselle Saint-Géran. Rendez donc grâce à la noble générosité qui me fait préférer votre bonheur au mien; quant à moi, heureuse d'en être devenue l'artisan, riche encore de votre estime, du bien que vous daignerez m'assurer avant votre union fortunée, je bénirai le ciel de m'avoir donné la force d'accomplir un si noble sacrifice.

— En conscience, tu m'attendris, mignonne; et, si tu l'exiges, je suivrai tes conseils, malgré tout le regret que me préparerait ta perte; mais si, dans ce jour, je deviens docile à tes lois, promets, ô Manette! d'aimer toujours ton chéri, d'accueillir sans cesse ses caresses avec un doux sourire et d'accepter sans résistance tous les dons que son amour, sa générosité offriront à ta gentille personne.

— J'y consens, monsieur; obéissez donc, et faites tout de suite votre toilette, afin de vous rendre, sans retard, chez madame Saint-Géran; surtout, soyez ferme et sévère, si l'on persévérait à vous refuser pour gendre, après avoir fait valoir tous les avantages de votre alliance.

Le docile ou plutôt rusé vieillard, se rendant à l'invitation de la jeune fille, et dérobant à ses regards le sourire malin qui s'échappe de ses lèvres, demande aussitôt les hardes nécessaires à sa toilette.

Mais Manette a regardé la pendule, et l'aiguille vient de lui marquer l'heure de son rendez-vous avec Gustave; aussi dit-elle à son maître que, contrainte de se rendre à heure fixe chez sa mère, Friquet, le valet de chambre, se chargera seul de l'habiller aujourd'hui; puis, après quelques recommandations encore, elle quitte l'amant suranné, et d'un pas rapide se dirige vers son petit appartement secret.

— Très bien, monsieur, exact au rendez-vous comme au temps de nos premières amours, dit Manette en entrant dans la maison et apercevant Gustave.

Tous deux gravirent aussitôt la montée; et bientôt côte à côte, assis dans le salon:

— Manette, ma chère amie, hier, avec

fierté, vous avez osé repousser le titre sublime de marquise, dit Gustave en souriant.

— A quoi bon revenir sur cette plaisanterie, monsieur, n'avez-vous autre chose plus importante à me communiquer?

Patience, ma toute belle, et dites-moi si vous consentiriez à reprendre votre marquisat pour quelques jours?

— Volontiers, si cette niaiserie devenait utile à nos projets.

— Utile au-delà de tout ce qu'on peut imaginer.

— Alors expliquez-vous, reprend Manette.

— Écoutez donc : vous saurez qu'il existe dans ce monde une créature du sexe féminin, jeune, passable et à peu près riche, qui s'est éprise d'amour pour votre Lovelace d'amant.

Quoi! encore une rivale? s'écrie Manette en devenant rouge de dépit.

— Comme vous dites ; et de plus, dans les bras de qui il nous faut jeter Georges.

— Vous plaisantez, je pense?

— Non, en vérité ; écoutez jusqu'au bout, et vous jugerez ensuite, que si vous êtes peu flattée de procurer à votre amant la possession d'une rivale, moi-même, qui réserve ce fruit nouveau à mes menus-plaisirs, je ne suis guère d'avis non plus d'en céder les prémices à un autre. Or donc, voici ce que j'ai décidé, et en quoi votre secours me devient nécessaire :

Mademoiselle Véronique Goyo, amie intime de Julie Saint-Géran, est devenue subitement éprise de Georges, et le souhaiterait plutôt à elle qu'à sa camarade d'enfance, chose assez naturelle quand on aime ; car rien de plus égoïste que ce scélérat d'amour.

— Après, dit Manette d'un ton d'impatience.

— M'y voici. La susdite Véronique, l'innocence, la crédulité même, ne demande pas mieux que de ravir à Julie la conquête de l'amant commun; mais, hélas ! il ne lui manque, pour prouver sa bonne volonté, que d'être secondée; c'est donc à vous, ma belle Manette, que je confie cette charge; comprenez que mon dessein est d'attiser, d'augmenter par tous les moyens possibles l'amour de Véronique; qu'il s'agit de l'entraîner dans une fausse démarche en l'attirant chez Georges un de ces soirs, et que tous deux surpris par de nombreux témoins...

— Je vous comprends, dit Manette, et m'en soucie fort peu, parce qu'alors il faudrait réparer l'honneur de la jeune fille; et Georges, en perdant Julie, se donnerait sans nul doute à la victime de sa séduction.

— Chimères! en fait de séduction, il n'y aura que mépris de la part de Georges qui déjà ne peut souffrir Véronique; mais il y aura apparence de séduction, preuve de perfidie, grand scandale, fureur de la part de la respectable madame Goyo, reproches de madame Saint-Géran, désespoir de l'amante trahie, puis rupture momentanée; par exemple, si le vertueux et respectable Gervais ne se présente aussitôt et ne profite du dépit de la belle affligée pour s'emparer de sa main.

— Tout extravagant que me paraît ce projet, j'ai fort envie de l'adopter; car je pense, dans l'état avancé où sont les choses, qu'il est le seul qui puisse nous offrir une chance de succès; cependant je sais, hélas! ajoute Manette, que la vertu de Georges ne résiste pas toujours à la tentation, et que son amour pour Julie ne le garantit pas des faiblesses humaines; voyant cette jeune fille, chez lui, en sa puissance, s'il allait?...

— Je comprends, dit Gustave en souriant; je vous le répète, n'ayez aucune crainte, car je serai là, caché dans quelque coin obscur, et prêt à m'opposer à la perte d'un trésor dont je suis très friand, si par hasard la vertu de Georges venait à faillir. Ainsi donc, belle amie, vous voyez combien je m'intéresse à votre sort, et j'ose croire que désormais vous n'apporterez aucun obstacle à mon bonheur?

— Tenez-moi parole, et vous n'aurez encore qu'à vous louer de votre amie, répond Manette en tendant à Gustave une main amicale. Maintenant, enseignez-moi comment je dois m'y prendre pour attirer cette Véronique dans le piége, et sous quel titre je dois me présenter chez sa mère?

— Rien de plus facile que ces deux articles. Premièrement, Georges, devenu subitement amoureux de Véronique et renonçant à Julie Saint-Géran, vous envoie de sa part demander en mariage mademoiselle Goyo. A ce titre, vous êtes admise dans la maison, choyée, caressée, accablée de questions par la mère et la fille sur les causes qui ont amené chez Georges ce changement et cette résolution inattendue; adroite, spirituelle, vous vous en tirez le mieux du monde en forgeant à ces pauvres d'esprit quelques fables surnaturelles qu'elles acceptent pour comptant. Devenue en un rien de temps l'amie intime de ces deux femmes, que vous aurez eu le soin d'étourdir par vos titres et vos manières; sous un prétexte quelconque, vous éloignerez Véronique de sa mère; et, sans témoin, lui dépeignant l'amour que ses charmes prétendus ont inspiré à Georges, vous tenterez les moyens de l'amener chez lui, sous le prétexte que cette démarche est on ne peut plus utile à la réussite de leur union, et que tel est son vœu le plus ardent.

— Reposez-vous sur moi du soin de l'aventure, mon cher Gustave, et si vous m'en croyez, nous la mettrons tout de suite à exécution.

— Volontiers! s'écrie Gustave en riant; hâtez donc votre toilette, belle marquise, et laissez-vous conduire par moi jusqu'à la demeure de la respectable madame Goyo.

Manette accepte, et après un quart d'heure

d'absence, passé dans la pièce voisine, elle reparaît aux yeux de Gustave dans une toilette aussi fraîche qu'élégante.

— Délicieuse en vérité, ma toute belle! s'écrie le jeune homme; ce charmant costume me renouvelle de bien doux souvenirs.

— Peut-être vous sont-ils plus chers en ce moment que ne le fut dans un temps la réalité? répond malignement la jeune fille. Mais grâce de vos fadaises, ajoute-t-elle, et partons.

Une voiture reçoit Gustave et Manette, et les transporte aussitôt à la demeure de madame Goyo, où le jeune homme quitte la prétendue marquise, après lui avoir recommandé son rôle.

— Votre nom, afin de vous annoncer, madame? demande à Manette une grosse jouflue de servante qui vient lui ouvrir la porte.

— Madame la comtesse de Villiers-le-Bel

épouse de l'ambassadeur de sa majesté près la cour de Russie, répond la visiteuse en souriant, voyant la servante reculer de trois pas et faire des yeux aussi grands que l'ouverture d'un puits, en entendant résonner un tel nom et de si hauts titres.

— Donnez-vous la peine de vous asseoir, madame, le temps que je vat aller avertir not' maîtresse.

Et la servante, de s'éloigner vivement et de laisser seule madame l'ambassadrice.

— Qu'est-ce que vous dites donc là, Suzon? répétez, disait un instant après madame Goyo, entendant citer une personne d'aussi grande importance.

— Je vous disons, madame, que v'là la comtesse de Villiers, ambassadeuse de Russie, qui venons pour vous faire visite.

— Pas possible! faites entrer, Suzon, et de suite! s'écrie madame Goyo hors d'elle et devenue rouge comme une cerise.

Puis jetant de côté avec promptitude la

paire de bas qu'elle était en train de ravauder.

— Véronique, conçois-tu une pareille visite, mon enfant? grand Dieu! à qui sommes-nous redevables d'un tel honneur?

La comtesse fait son entrée au salon d'un pas noble et assuré, en saluant avec grâce et dignité, la mère et la fille, qui, humbles et respectueuses, s'avancent à sa rencontre, en prodiguant force révérences.

— L'épouse de M. le comte de Villiers-le-Bel, ambassadeur de sa majesté le roi de France près l'autocrate de toutes les Russies, vous demande mille pardons, mesdames, de se présenter devant vous sans avoir fait la veille annoncer sa visite par l'un de ses valets.

— Du tout, madame la comtesse, vous n'avez nullement besoin d'excuses en vous présentant chez moi, veuve Goyo; donnez-vous donc la peine de vous asseoir; Véronique approchez ce fauteuil à madame la comtesse, et ce coussin pour poser ses pieds.

Véronique, afin d'obéir plus promptement, dans son trouble, marche par mégarde sur la patte de son épagneul qui se relève en poussant des cris horribles et renverse, en fuyant, une petite table sur laquelle étaient placées diverses porcelaines de la Chine, qui toutes, en tombant, se brisent en mille pièces.

— Grand Dieu! quel accident! s'écrie la prétendue comtesse, et que je suis désolée d'en être la cause.

— Ce n'est rien, absolument rien! répond madame Goyo en recommençant ses révérences; mes moyens, madame la comtesse, me permettent de réparer très facilement de tels malheurs; je vous supplie donc de vouloir bien ne plus y songer, de vous asseoir et de m'apprendre si l'on pourrait vous offrir quelque chose.

— Merci! cent fois merci! ma chère madame Goyo.

— Ah! madame sait mon nom parfaitement, quel honneur ! Véronique, laissez ces tessons et venez près de nous.

Véronique obéit.

— Madame Goyo veut-elle me permettre de lui faire part du motif qui me procure l'avantage de me présenter chez elle?

— Veuillez croire, madame la comtesse, que vous n'aviez nullement besoin de prétexte pour nous faire cet honneur.

— C'est égal, ma chère dame, je n'aurais osé prendre cette liberté si je n'avais cru rendre un éminent service à un de nos amis communs.

— En vérité! quoi, nous aurions l'honneur d'être amies des amis de madame la comtesse? s'écrie madame Goyo.

— De l'un de ceux que j'estime le mieux, reprend Manette; de M. Georges Dalmon, qui m'a chargée hier de venir, madame, vous faire la demande de la main de votre charmante demoiselle.

— Ah! maman, vous entendez? quel bonheur! et que je suis contente!

— Silence, Véronique, laissez parler madame la comtesse.

— Oui, madame, M. Dalmon séduit d'abord par les manéges d'une madame Saint-Géran et quelques beautés que possède sa fille, avait formé le dessein de s'allier à cette famille: mais bientôt, désabusé sur la bonne opinion qu'il avait conçue de la mère et de la jeune personne, ayant appris que cette dame ne possédait absolument que des dettes et que sans cesse elle jetait sa Julie à la tête de tous ceux dont elle espérait exploiter la fortune, M. Dalmon renonça à cette union, et ardent admirateur des qualités éminentes de mademoiselle Véronique, n'eut plus d'autre désir que celui de l'obtenir pour épouse.

— Sa demande nous flatte infiniment, madame la comtesse : ma fille et moi y sommes on ne peut plus sensibles. Veuillez donc dire à M. Dalmon que dès ce jour ma maison est la sienne, et qu'en faveur de la préférence dont il veut bien nous honorer, je porte la dot de ma fille à cent mille francs.

— Tant d'argent que ça, maman? Ah! que je vous remercie, s'écrie Véronique au comble de la joie.

— Oui, mon enfant, cent mille francs et plus s'il le faut, sans compter tout mon bien dont tu seras l'unique héritière à ma mort.

— Je m'estime heureuse, mesdames, de pouvoir porter à ce cher Georges une réponse satisfaisante.

—Pourquoi donc ne l'avez-vous pas amené avec vous, madame la comtesse? demande Véronique.

— Taisez-vous, petite sotte, reprend madame Goyo; vous n'avez pas la moindre idée des convenances.

—J'espère que vous, ma chère madame Goyo, ainsi que les époux, ne me refuserez pas de venir passer la lune de miel à mon château?

— Pour ma part, madame la comtesse, j'accepte avec joie, j'aurai l'honneur sans doute d'y faire connaissance avec votre noble époux?

— Je l'espère : quoiqu'arrivé seulement hier de Saint-Pétersbourg et fort occupé près du roi, il ne refusera pas, j'en suis certaine, le plaisir de passer quelques instans dans votre aimable société.

— M. le comte est sans nul doute un ancien militaire? demande madame Goyo.

— Vingt-cinq ans de service, madame.

— Ciel! si âgé et une épouse si jeune!

— Lorsqu'il m'épousa, je jouais encore à la poupée.

— Par exemple! à votre place, madame la comtesse, je n'aurais pas voulu épouser un vieux, dit Véronique.

— Silence! impertinente, vous n'ouvrez la bouche que pour dire des sottises.

— Dam ! maman.

— Ne grondez pas notre gentille future, madame Goyo; ce qu'elle vient de dire n'est qu'un excès de franchise que j'approuve entièrement; heureuse, celle qui unissant sa destinée, ne suit que le penchant de son cœur ! Quant à moi, privée de ce bonheur, je fus sacrifiée fort jeune et victime des convenances que m'imposaient le rang et la fortune.

— C'est égal ! l'honneur de s'allier à un comte ! à un ambassadeur ! hélas ! j'espérais qu'un jour feu M. Goyo se ferait aussi un nom dans les armes, qu'il obtiendrait un titre, mais il ne put jamais atteindre d'autre grade que celui de sergent dans les gardes françaises, et mon désespoir fut affreux, lorsqu'il quitta le service pour venir se mettre à la tête du fonds de chandelier qu'à sa mort, mon pauvre père me laissa pour héritage.

— Et dans lequel vous fîtes une brillante fortune?

— Oh! brillante... non : seulement une vingtaine de mille francs de rente.

L'entretien dura encore quelques instans, pendant lesquels la fausse comtesse assura madame Goyo et sa fille de son amitié ainsi que de sa protection, et leur fit la promesse devenir les revoir le lendemain accompagnée de Georges, puis se retira en emportant les remercîmens et l'assurance du respect de l'ex-chandelière et de Véronique.

XV.

La nuit tous Chats sont gris.

Le lendemain Gervais apprit à Manette le triste résultat de la démarche qu'il avait entreprise la veille près de madame Saint-Géran, car plus amoureux de Julie qu'il n'osait en convenir, le vieillard n'avait point tardé de mettre à exécution les avis de la servante. L'offre réitérée de son alliance, le chiffre énorme de sa fortune, l'assurance de la mettre toute entière à la disposition de celle qu'il demandait pour épouse; puis ensuite, les menaces de mettre aussitôt à exécution, sous les vingt-quatre heures, saisie et prise de corps, rien n'avait pu émouvoir Julie ni arracher un consentement que sa mère laissait à sa disposition.

Or, Gervais s'était donc retiré furieux, la menace sur les lèvres, en se promettant sous peu une seconde et dernière tentative.

— Ce récit ne surprit nullement Manette, qui, afin de remonter l'esprit découragé du vieillard, l'affermit dans le dessein d'une nouvelle visite, l'engageant à ne rien entreprendre avant qu'elle ne l'en avertît, lui promettant pour lors un heureux et prompt succès. Monsieur Gervais surpris de ces paroles, fixa la servante et lui demanda si par hasard elle n'avait pas quelques intelligences dans la maison de madame Saint-Géran.

— Non, monsieur, j'y suis étrangère; mais vous saurez que mes parens sont les concierges de la maison qu'habite ce Georges votre rival, que ma mère qui possède la confiance de ce jeune homme, sait que ses intentions ne sont nullement d'épouser mademoiselle Saint-Géran, puisqu'il courtise en secret une jeune et riche héritière, à laquelle il compte s'unir sous peu de jours. Ce sera donc à vous de profiter avec adresse, du dépit des Saint-Géran, de leur extrême embarras, et d'arracher un consentement qu'on sera d'ailleurs dans l'impossibilité de vous refuser.

Ces paroles, en ranimant l'espoir de Gervais, lui occasionnèrent un bond de joie qu'il ne fut pas maître de réprimer; alors, un sourire, une douce caresse devinrent la récompense de l'astucieuse servante.

Quelques instans après, la jeune fille ayant quitté Gervais, fut aussitôt endosser la toilette de la comtesse, et dans le remise, retenu à cet égard, se fit conduire chez madame Goyo, où entrant d'un air empréssé :

— J'ai fort peu de temps à vous donner, dit-elle, et mille choses à vous raconter au sujet de votre futur gendre, ma chère dame; mais le comte, mon époux, chasse aujourd'hui à Vincennes avec sa majesté; je n'ai tout au plus qu'une demi-heure pour me rendre près de lui, je viens donc à la hâte vous prévenir que ce soir vous recevrez la visite de Georges, et vous prier de me confier votre Véroniqu ele reste de cette journée, afin de m'empêcher de mourir d'ennui le temps qu'il plaira à mon cher mari de courir le cerf.

En recevant cette demande, madame Goyo manqua de se pâmer de joie; non seulement elle y souscrivit tout de suite, mais s'offrit encore par dessus le marché en cas que

Véronique ne fut pas suffisante aux menus plaisirs de la noble comtesse : mais comme ce dernier point ne cadrait nullement avec les projets de Manette, madame Goyo fut remerciée de son obligeance sous le prétexte que la voiture ne contenait que trois personnes, et que le noble époux devait le soir revenir à Paris dans le même équipage.

Madame Goyo déçue dans son espoir, se garde bien d'insister dans la crainte d'offenser la comtesse, et se résigne à laisser à sa fille tout l'honneur d'aller en promenade dans le carosse d'un grand seigneur. Encore quelques mots et Véronique, qui ne se sent pas de joie, se cramponne sans façon au bras de la comtesse, qui bientôt l'entraîne jusqu'à sa voiture, où toutes deux côte-à-côte, roulent avec vitesse vers la route de Vincennes.

— Eh! bien, ma mignonne, nous sommes toutes deux sans témoin depuis plus d'un grand quart d'heure et vous ne m'avez encore rien dit de celui que votre cœur préfère.

— Il est vrai, madame; c'est que malgré mon envie, je n'osais vous en parler. Vous l'avez vu aujourd'hui, madame?

— Ce matin, mon enfant.

— Et vous lui avez parlé de moi, de notre mariage?

— Beaucoup.

— Ah! que vous a-t-il répondu?

— Qu'il serait heureux de votre possession; qu'il voudrait, pour tout au monde, vous avoir connue avant mademoiselle Saint-Géran, qu'en vous voyant la première fois, votre présence produisit en lui un effet extraordinaire et fit naître l'amour, les désirs les plus brûlans; mais, hélas! qu'engagé avec cette Julie, il n'avait osé vous instruire de ses sentimens.

— Comment! il m'aimait? c'est singulier, je ne m'en serais jamais doutée, lui qui, au contraire, avait l'air de m'éviter.

— Ce n'est pas surprenant, il se défiait de lui-même et redoutait votre approche dans la crainte qu'emporté par sa passion, elle ne lui fît trahir des engagemens qu'il ne sait comment rompre et dont il se repent amèrement.

— Il faudra pourtant qu'il en vienne là afin de m'épouser.

— C'est juste : mais il désirerait mettre à exécution un moyen infaillible pour contraindre madame Saint-Géran à lui rendre sa parole, sans laquelle, quoique vous aimant à l'adoration, il se verrait forcé de renoncer à vous, et d'épouser Julie plutôt que de manquer à l'honneur.

— Oh, ciel! mais vous n'avez pas ainsi parlé à ma mère, madame. Ah! je vois bien maintenant que jamais je ne deviendrai sa femme, et que j'en mourrai de chagrin.

— Non pas; il faut vivre et l'épouser.

— Comment l'espérer? y a-t-il la moindre apparence que madame Saint-Géran se décide jamais à refuser pour sa fille un parti aussi avantageux ?

— Oui, je connais un moyen, un seul, capable de l'y contraindre,

— Vraiment! s'écrie Véronique; de grâce, madame, faites-le moi connaître, quel est-il?

— Hum! il est hardi, immanquable, mais je ne sais trop si ma position, votre âge, l'honneur même, me permettent de vous le proposer.

—Oh! parlez! parlez! madame, s'écrie la jeune fille en fixant sur Manette un regard suppliant et interrogateur.

—Vous l'exigez. Écoutez donc : Ce matin, en rendant compte à Georges du résultat de la mission dont il m'avait chargée près de vous et de votre mère; il me renouvelle l'assurance de l'amour qu'il ressentait pour votre personne et maudit cent fois l'engagement qui l'enchaînait à Julie Saint-Géran, en jurant de s'en affranchir au plus vite. Puis, fixant sur moi un regard supun regard suppliant, il me demanda si j'étais bien certaine que vos sentimens pour lui fussent aussi sincères que je les lui dépeignais, et si je vous jugeais capable d'entreprendre, en sa faveur, une démarche dont la réussite assurerait votre bonheur mutuel. Après l'avoir tranquillisé sur vos tendres sentimens à son égard, je l'engageai à me confier ses desseins, promettant de vous en faire part si je les trouvais convenables et vraiment capables de produire les heureux résultats qu'il en attendait. Eh bien ! madame, reprit-il, si Véronique partage sincèrement ma flamme, qu'elle ose donc, ce soir même et en secret, se rendre à ma demeure; qu'elle vienne sans crainte se confier à un amant aussi tendre que respectueux; qu'elle vienne l'assurer de son amour, lui jurer de n'être jamais à un autre que lui, et en même temps braver une rivale qui, jalouse autant que surprise de sa présence chez moi, me rendra sans nul doute une promesse, un serment arrachés par la ruse et l'importunité.

— Oh ciel! que dites-vous là, madame la comtesse? aller seule, le soir, chez un jeune homme! s'écrie Véronique; je n'oserai jamais commettre une telle faute.

— Aussi ai-je de suite repoussé cette demande avec indignation; mais lorsque Georges se fût mieux expliqué, reprend Manette, et qu'il m'eût fait connaître que ce rendez-vous nocturne n'était absolument que pour exciter la colère de madame de Saint-Géran, la jalousie de sa fille, et les contraindre toutes deux à lui rendre sa parole, je trouvai le stratagème admirable autant qu'infaillible; car, ma chère enfant, faites-vous s'il vous plaît une idée de la fureur de ces deux femmes, du dépit de votre rivale en vous apercevant de sa fenêtre à celle de son futur époux, à laquelle vous affecterez de paraître. Pensez-vous, après un pareil affront, qu'elles persistent encore à vouloir votre amant pour époux et pour gendre? oh! non; car l'amour-propre blessé ne pardonne jamais; et demain votre Georges, dégagé de ses promesses, apportera à vos genoux et son cœur et sa main.

— Oui, je pense que si la chose tournait ainsi, alors je serais fort heureuse; mais je crains trop pour oser l'entreprendre.

— Enfant! qu'avez-vous donc à redouter? Quoi! vous dites aimer, et vous ne vous sentez pas capable d'entreprendre la moindre des choses, pour vous assurer la possession de celui qui vous est cher?

— Ah! madame, songez donc que la mère de Julie ne manquerait pas d'instruire la mienne de cette démarche hardie, elle me taxerait d'effronterie, et je serais horriblement grondée.

— Folie! ma chère, car madame Goyo serait enchantée d'une aventure qui lui assurerait un gendre de son choix.

— Mais, madame, comment me présenter

chez M. Georges, que lui dire, et que penserait-il de moi en me voyant paraître?

— Tout cela est la moindre des bagatelles, ma bonne petite; premièrement, votre présence chez Georges sera pour lui l'assurance d'un amour sincère; et connaissant tout ce qu'une pareille démarche a de pénible pour une jeune personne bien élevée, il se hâtera, par ses prévenances, son respect, de calmer votre cruel embarras. Croyez-moi, Véronique, profitez du moyen qui vous est offert; et, par une crainte puérile, un vain scrupule, ne laissez pas échapper une si belle occasion d'assurer votre bonheur et celui de votre amant.

— Hélas! je le voudrais, mais je ne puis y consentir qu'à une seule condition.

— Laquelle, mon enfant? demande Manette avec empressement.

— C'est que vous consentiez à m'accompagner, répond Véronique.

— Volontiers, reprend Manette, après

quelques instans de réflexion; seulement, j'aurai soin de me tenir à l'écart, afin que Julie et sa mère, n'aperçoivent que vous chez le jeune homme; sans cela, le but serait complétement manqué.

— J'y consens, madame, pourvu que vous ne quittiez pas l'appartement, afin de ne pas rester seule avec un garçon.

— Tout ce que vous voudrez, mon enfant, j'y souscris d'avance et de bon cœur; laissez-vous donc guider par moi, et je réponds qu'avant peu vous me serez redevable de votre félicité.

— Cette pauvre Julie! comme elle m'en voudra, dit Véronique en souriant.

Bah! que vous importe sa colère : l'amour de tout temps ne l'emporta-t-il pas sur l'amitié?

Long-temps encore l'entretien roula sur le même sujet. Véronique, peu convaincue de la bienséance de la fausse démarche dans laquelle la prétendue comtesse cherchait à l'entraîner, avait encore manifesté de nouveaux scrupules; mais Manette, à force de les combattre, était enfin parvenue à les détruire entièrement, et à rendre la jeune fille docile à ses volontés. Il fut donc décidé que dans la soirée, à leur retour de Vincennes, Véronique, ainsi que la comtesse, se rendrait en cachette chez l'amant aimé. La voiture entrait dans le bois; trois heures sonnaient alors à l'horloge du château; personne dans les avenues du parc, rien enfin qui annonçât une chasse royale ordinairement si fréquentée, si bruyante; le soleil frappe avec force et nul être vivant ne paraît décidé à se montrer dans cette fournaise dévorante.

— Où donc est la chasse, madame la comtesse? je ne vois âme qui vive dans ce bois, demande Véronique après s'être penchée plusieurs fois à la portière.

— J'ignore en vérité, ma chère, et rien ne l'indique autour de nous; cela me surprend extrêmement et je commence à craindre qu'elle n'ait été contremandée ; au surplus, je vais m'en informer au château, où le comte mon époux, doit sans doute m'attendre avec impatience.

Alors Manette ordonne au cocher de regagner le village, à l'entrée duquel elle fait de nouveau arrêter son remise.

— Ma chère Véronique, attendez-moi quelques instans dans cette voiture, je reviens aussitôt après avoir parlé à mon mari. Vous m'excusez de ne point vous présenter, tout de suite à lui, mais ce château est tellement rempli de militaires, que je n'ose vous y conduire : je reviens à l'instant avec le comte qui sera, j'en suis certaine, enchanté de faire votre connaissance.

Après avoir entendu la prière que Véronique lui adressait de ne point se faire attendre long-temps, Manette s'éloigne en riant sous cape, gagne la porte de la citadelle et s'adressant au concierge, demande si un jeune homme ne s'est point présenté chez l'adjudant Ferville.

— Oui, répond le gardien, il m'a même prévenu de votre arrivée, madame, et vous attend chez l'adjudant. Veuillez donc vous y rendre.

Alors appelant une jeune fille d'une douzaine d'années, le concierge lui ordonne de guider Manette jusqu'à la chambre de l'officier.

Après de nombreux détours, la prétendue comtesse se voit enfin en présence de Gustave.

— Arrivez donc, belle dame, je vous attendais avec la plus vive impatience et l'ennui le plus mortel. Ferville est de service aujourd'hui et n'a pu me tenir compagnie. Aussi, suis-je seul, depuis midi, enfermé dans cette maudite chambre, s'écrie Gustave en introduisant Manette, congédiant sa conductrice et refermant la porte. Eh bien! quelle nouvelle?

— Elle est ici, et de plus soumise à nos volontés, répond Manette.

— Bravo! s'écrie Gustave en se frottant les mains.

— Oh! cela n'a pas été sans peine, il a fallu long-temps combattre. Les scrupules, les craintes se partageaient le cœur de la pauvre niaise, mais j'ai tout emporté d'assaut, et ce soir je la conduis chez celui dont elle se croit désirée et attendue.

— Il ne me reste plus qu'à retourner à Paris préparer nos batteries, reprend le jeune homme: déjà une lettre d'un ami commun, doit attirer ce soir Georges hors de chez lui, et c'est moi qui me charge de l'y ramener lorsqu'il en sera temps; vous, belle Manette, ayez soin de faire prévenir madame Saint-Géran et sa fille de la présence de la petite Goyo chez son séducteur prétendu, de faire en sorte que belle-mère et future soient entièrement convaincues de la perfidie de l'amant.

— Je m'en charge, dit Manette, fiez-vous

à moi, je promets que les preuves ne leur manqueront pas. A propos, ajoute-t-elle, vous ai-je dit que l'Agnès exige que je l'accompagne dans sa visite nocturne, qu'à cette seule condition elle cède à nos volontés?

— Diable! cela est de toute impossibilité; comment sortirez-vous d'un tel embarras?

— Très facilement, mon cher; grâce à la clé de l'appartement de Georges que je me suis procurée chez ma mère, j'introduirai la petite dans le sanctuaire de l'amour. Quelques instants passés, feignant de m'impatienter de la lenteur du jeune homme, je sortirai sous le prétexte d'aller m'informer de son retour; puis, après avoir enfermé la donzelle et vu Georges rentrer chez lui, j'enverrai aussitôt prévenir la respectable madame Goyo du danger auquel se trouve exposée sa chère fille.

— Bravo! vous êtes, ma mignonne, le lutin le plus adroit, le plus entreprenant de tous ceux passés, présens et futurs. Mais, dites-moi, d'ici à ce soir, qu'allez-vous faire de notre héroïne?

— La promener de droite et de gauche, répond Manette; enfin, la faire courir après la chasse.

— Quelle chasse? demande Gustave.

— Celle qu'inventa mon génie, pour prétexter une promenade et m'emparer de Véronique la journée entière. Actuellement que tout est convenu, je vais rejoindre notre innocente, qui sans doute s'ennuie fort de mon absence. Vous, retournez à Paris, et n'oubliez pas que je vous attends à onze heures à mon petit appartement afin d'apprendre de votre bouche le résultat de l'entreprise.

— J'y serai, répond le jeune homme.

Puis quelques mots encore, et tous deux se séparent.

XVI.

Suite du précédent.

La fausse comtesse après avoir quitté Gustave, rejoignit Véronique qu'elle trouva endormie dans l'un des coins de la voiture. La jeune fille éveillée par Manette, lui demande en se frottant les yeux des nouvelles de son noble époux qu'elle s'attendait à voir revenir avec elle ; mais Manette qui avait donné à son visage l'expression d'un grand mécontentement, lui répondit que le comte de Villiers retenu près du roi, ne pouvait les rejoindre que d'ici à quelques heures et priait mademoiselle Goyo, à qui il brûlait de présenter ses hommages, d'excuser ce retard malencontreux et de vouloir bien l'employer avec son épouse à quelques promenades dans les environs. Véronique qui avait grande impatience de connaître cet époux introuvable, fut assez contrariée de ce contretemps, et malgré le peu d'agrément que lui avait jusqu'alors procuré la partie, consentit à tout ce que Manette parut exiger de sa complaisance.

A Saint-Maur, un des restaurans situés sur les bords de la Marne reçoit les deux voyageuses. Le dîner est vraiment digne d'une comtésse, le vin est des plus excellens, la chaleur a grandement altéré les deux dames. Aussi, Manette, oubliant la réserve imposée par le bon ton, verse et boit à plein verre en conseillant à Véronique de l'imiter et d'en agir sans façon. La petite niaise, malgré la répugnance que lui inspire le vin, n'osant résister à l'invitation et faire autrement que la prétendue comtesse, vide son verre d'un seul coup, puis un second, et bientôt étourdie et déraisonneuse, se livre sans réserve aux éclats d'une joie bruyante, que la perfide Manette prend soin d'alimenter de plus en plus.

La nuit vint enfin remplacer le jour et surprendre à table les joyeuses vivantes. L'heure de la retraite avait donc sonné, il fallait regagner Paris, et les deux jeunes filles, folles rieuses se jetèrent dans leur voiture, qui aussitôt et avec rapidité les entraîna vers la ville où elles arrivèrent en moins d'une heure et demie. Le cocher a reçu commandement d'arrêter sur le boulevard au coin de la rue de la Chaussée-d'Antin, et l'ordre exécuté, les jeunes filles cheminent ensuite à pied vers la rue des Mathurins et la demeure de Georges. L'instant critique approche, aussi Véronique a-t-elle perdue sa gaîté; tremblante au bras de Manette, elle sent fléchir sa résolution, ses jambes cèdent sous le poids de son corps : sa compagne inquiète de ce changement subit cherche à ranimer son courage abattu, fait briller à ses yeux un bonheur certain, un avenir fortuné, puis, promet de ne point l'abandonner, de la seconder de tout son pouvoir, et de veiller sur son honneur avec les soins, et la prudence d'une mère.

Véronique plus calme, se laisse conduire sans résistance, et le visage caché sous un voile, toutes deux arrivent enfin chez Georges. Heureusement la grande porte est encore ouverte, grâce à la négligence des époux Giroux, occupés en ce moment à goûter gratis, chez la fruitière voisine, un petit vin qu'elle se propose de débiter à huit sous la bouteille, et dont le vieux concierge se promet de meubler son caveau. Manette et Véronique pénètrent en silence dans la maison, gravissent la montée et s'introduisent dans l'appartement de Georges. Parvenues sans lumière dans la chambre à coucher, Manette, au courant des êtres du lieu, conduit Véronique par la main, vers un petit sopha, l'invite à s'y asseoir et se place près d'elle.

— Attendons, ma chère petite, il ne peut tarder à rentrer, selon les promesses qu'il m'en a faites.

Ces mots restent sans réponse, car le cœur de Véronique bat en ce moment avec une telle violence, que la pauvre enfant n'a plus la force de prononcer une seule parole.

— Allons, du courage ! ma chère, dit Manette qui s'aperçoit du malaise de la jeune fille : pourquoi trembler ainsi ? quel enfantillage ! Elle ne répond pas. Alors la fausse comtesse, courant dans la pièce voisine, en revient munie d'un verre d'eau qu'elle présente à Véronique : buvez ceci, ma bonne petite, afin de calmer ces violens battemens qu'occasionne une crainte puérile. Véronique accepte, boit, et se sentant soulagée, emploie aussitôt l'usage de sa voix à manifester à Manette la surprise que lui fait éprouver la facilité avec laquelle elle parcourt sans lumière des chambres qui lui sont inconnues.

— Ce n'est pas surprenant, répond la prétendue comtesse : cette maison appartient à mon époux; et moi-même j'occupais jadis, comme boudoir, ce petit local, avant que votre amant vînt l'habiter.

Cette réponse a suffi pour détruire la surprise de Véronique; et engageant Manette à se replacer près d'elle, se plaint ensuite de la longue absence de Georges; puis se sentant encore indisposée, honteuse même de sa position et du lieu dans lequel elle se trouve, Véronique perd courage et demande à retourner chez sa mère, qui sans doute s'inquiète de sa longue abscence.

Mais Manette, impatientée des irrésolutions de sa compagne et qui déjà songe à la retraite, repousse la proposition, et d'un ton sec reproche à la jeune fille sa molle persévérance ; puis, feignant d'entendre du bruit sur l'escalier, de reconnaître le pas de Georges, sans attendre l'avis de Véronique, se lève brusquement, s'éloigne sans mot dire, avec autant de rapidité que le lui permet l'obscurité, elle ferme la porte de l'appartement, à double tour, et se hâte de franchir les degrés ainsi que de quitter la maison.

Surprise autant qu'effrayée de l'éloignement subit, inattendu de la comtesse, et n'entendant plus aucun bruit, Véronique, s'armant d'un reste de courage, quitte le sopha, et guidée par le faible crépuscule que projète la lune à travers les fenêtres, se dirige à tâtons vers la pièce précédente, puis atteignant la porte, essaie à l'ouvrir; mais, hélas! c'est en vain; car une énorme serrure fermée à plusieurs pênes lui ravit tout espoir d'évasion. Alors, plus inquiète que jamais, soupçonnant quelque noire trahison, elle se reproche son imprudence, la jeune fille accablée de crainte et de douleur, se laisse tomber sur une chaise placée près de la porte. Là, le visage dans les deux mains, elle donne un libre cours à ses larmes amères.

Un grand quart d'heure venait de s'écouler, lorsqu'un bruit de pas, se faisant entendre sur l'escalier, arracha Véronique à sa douleur : et lui fit prête une oreille attentive. Plus de doute : c'est Georges! car elle l'entend fredonner et reconnaît sa voix. Que faire? doit-elle se cacher, se dérober à sa vue? Oh! non: tôt ou tard il faudrait se montrer; d'ailleurs, pourquoi fuir, puisque sa présence chez lui doit le rendre heureux, lui donner du bonheur? Ensuite, il sait qu'elle est là, qu'elle l'attend, et s'il chante, c'est sans doute de ce qu'il va la voir et assurer leur félicité commune. Malgré ces réfléxions, Véronique n'en a pas moins peur, très peur; et sentant ses genoux fléchir, se traîne le plus vite possible jusqu'à la chambre à coucher, afin d'éviter une chute qui paraît certaine, puis se jette à la place qu'un moment auparavant elle occupait sur le sopha. Georges entre chez lui, quitte habit et chapeau, et pénètre dans la chambre à coucher où ses yeux rencontrent aussitôt Véronique.

—Est-ce un songe, une vision surnaturelle! s'écrie-t-il; quoi! mademoiselle Goyo en ce lieu et à cette heure! La jeune fille émue, tremblante, lève ses yeux et ses mains jointes vers Georges, sans avoir la force de prononcer une parole : Soyez la bien venue, mademoiselle; mais, de grâce, veuillez m'apprendre par quel inconcevable hasard je vous possède chez moi et comment vous y êtes entrée?

— Hélas! monsieur, vous demandez la cause de ma présence ici! mais vous la connaissez aussi bien que moi, répond Véronique d'une voix faible et timide.

— Je vous jure le contraire, mademoiselle.

— Cependant, monsieur, après le désir que vous avez manifesté à madame la comtesse de Villiers-le-Bel?...

— La comtesse de Villiers-le-Bel? reprend Georges de plus en plus surpris.

— Oui, monsieur, ne vous souvenez-vous plus de lui avoir fait hier l'aveu de votre amour pour moi, et manifesté l'envie de me posséder chez vous, afin d'exciter la jalousie de mademoiselle Saint-Géran, et de la forcer à vous rendre la promesse de mariage qu'elle a reçue de vous?

— Ma parole d'honneur! mademoiselle, je ne comprends absolument rien à tout ce que vous me racontez là; d'abord, je ne connais nullement la comtesse de Villiers-le-

Bel, par conséquent ne me suis jamais entretenu de vous avec elle ; ensuite, j'avoûrai que j'ai pour votre personne infiniment d'estime, de respect, mais pas d'amour, et que mes intentions sont fort éloignées de vouloir rompre avec mademoiselle Saint-Géran, que j'adore, et dont j'espère sous peu devenir l'heureux époux. Je crains que dans tout ceci vous ne soyez victime de quelque ruse, de quelque mauvaise plaisanterie, et je vous prie de vouloir bien m'éclairer, et m'apprendre par quel indigne manége on est parvenu à vous amener chez moi, enfin à vous faire commettre une démarche aussi peu en rapport avec le mérite que je me plais à vous accorder.

Ces demandes, faites avec douceur, intérêt même, restent sans réponse ; Véronique, cruellement désabusée, anéantie, veut se lever, fuir, et retombe sur le sopha, mourante et plus pâle qu'un lys. Georges, effrayé de cet évanouissement, veut essayer de secourir la jeune fille, mais, hors de lui il erre à grands pas dans la chambre, va, vient, perd la tête, et sort comme un fou dans l'intention d'aller chercher des secours plus efficaces que ceux qu'il pourrait porter. A peine le jeune homme est-il sorti, que la porte d'un cabinet vitré donnant dans la même pièce s'ouvre brusquement, et Gustave, sortant de cette cachette, court aussitôt fermer les portes que Georges, dans son trouble, a laissées ouvertes. Puis, revenant aussitôt tomber aux genoux de Véronique, après avoir eu soin d'éteindre la lumière :

— Véronique, chère Véronique! dit-il en déguisant sa voix et avec passion, vous ne m'avez pas compris; car je n'adore et ne veux adorer que vous seule! Revenez et daignez entendre l'amant qui jure de n'être jamais qu'à vous?

La jeune fille tressaille; ces paroles, mille baisers ramènent sa raison : ses bras alors cherchent à saisir dans l'obscurité celui qu'elle prend pour Georges; elle y parvient, le presse sur un sein qui bat avec violence. Alors deux bouches se rencontrent, se confondent; leur contact, chez la jeune fille, achève de troubler l'âme, la tête et les sens, et la livre sans force à un danger qu'elle ignore.

A quinze ans, exaltée, jouir est un éclair! l'ivresse des sens se confond avec celle d'un aveu! La pauvre enfant! que de transports! que d'amour! et quels remords pour Gustave, s'il en avait été capable!... O délices! ô imagination! voilà de tes traits! Véronique vient d'être heureuse, et pourtant ce n'était pas lui!... Jusque là, tout réussissait à merveille; mais il fallait songer à la retraite. Alors Gustave, profitant du doux anéantissement dans lequel se trouve plongée Véronique, se dégage doucement de ses bras en murmurant quelques mots d'excuse; puis, en silence, gagnant la première pièce, ouvre doucement la porte, et sans s'occuper de la refermer, se hâte de franchir l'escalier et d'enfiler la rue.

Où était donc Georges, tandis que chez lui se consommait un sacrifice dont peut-être il allait devenir la victime innocente? Chez madame de Saint-Géran, près de qui il s'était rendu à la hâte, afin de raconter la singulière rencontre qu'il venait de faire chez lui, et réclamer aide et secours pour l'imprudente jeune fille. Mais quelle est sa surprise d'entendre la dame, d'un ton sévère, lui reprocher son odieuse conduite, le traiter de séducteur, et lui jurer, en plus, que jamais il ne sera l'époux de sa fille.

Georges, en entendant ces mots, proteste de son innocence, blâme madame Saint-Géran de l'opinion défavorable qu'elle ose concevoir de ses principes, assure qu'il n'aime point Véronique, qu'il n'a pas cherché à lui plaire, qu'il est encore à deviner comment elle a pu pénétrer chez lui en son absence, et qu'il y a dans tout cela quelque ruse diabolique qu'il ne peut concevoir, et dont il prie la dame de vouloir bien venir s'éclaircir au plus vite.

Madame Saint-Géran, après mille difficultés, finit par se rendre aux prières du jeune homme, mais seulement que dans l'intention de confondre celui qu'elle croit fermement coupable, d'après certains avis reçus dans la soirée. Et, comme à l'arrivée inattendue de Georges, la dame se disposait à se mettre au lit, elle engage le séducteur prétendu à retourner près de Véronique durant le temps qu'elle va passer à réparer le désordre de sa toilette. Georges obéit, non sans s'être informé avant si Julie partageait les injustes préventions de sa mère, et en avoir reçu l'assurance d'un ton sec et maussade.

Remonté chez lui, Georges y retrouve encore Véronique assise à la même place où il l'avait laissée quelques instants avant.

— Ah! vous voilà, mon ami, pourquoi

donc vous être éloigné? c'est bien vilain de me laisser seule ainsi!

— Votre état m'inquiétait, mademoiselle, et je me suis hâté de courir chercher du secours; mais je vois avec plaisir que vous êtes entièrement remise de votre évanouissement.

— Mademoiselle! pourquoi donc, mon ami, m'appelez-vous encore mademoiselle? après ce qui vient de se passer entre nous, ne suis-je pas votre femme? Appelez-moi donc Véronique, ma chère Véronique, enfin, comme vous faisiez tout à l'heure.

— Plaît-il! que dites-vous donc, mademoiselle, expliquez-vous, car je ne comprends rien, en vérité, à votre langage?

— Ah! ça, méchant, allez-vous recommencer à mefaire du chagrin, et feindre de ne pas m'aimer? Oh! c'est égal! désormais je n'en croirai rien, car j'ai reçu vos sermens; l'amour nous a unis et désormais rien ne peut plus nous séparer puisque Dieu a reçu nos sermens.

— Voilà qui est fort! s'écrie Georges surpris au-delà de toute expression et fixant la jeune fille avec inquiétude. Sans doute, mademoiselle, ajoute-t-il, que les discours imcompréhensibles que votre bouche me fait entendre, sont les suites d'un songe sous l'influence duquel vous vous trouvez encore?

— Oh! ciel, que signifie plutôt votre nouveau langage? Quoi! monsieur, oseriez-vous sitôt oublier ce qui vient de se passer entre nous, et faire si peu de cas de l'honneur d'une pauvre fille, que de vous rire d'elle après l'avoir séduite?

— Vous plaisantez sans doute, et d'une sotte manière? répond Georges avec humeur; mais, de grâce, cessez, mademoiselle, un badinage qui, de votre part, me surprend et m'afflige. Je vous répète que je ne puis vous aimer, que mon cœur n'est plus à moi, et que loin de penser à devenir votre séducteur, je blâme fortement, en vous, la démarche hardie qui, dès ce jour, vous prive entièrement de mon estime, et dont je devine, maintenant, le but infâme!

— Comment, monsieur, vous ne m'aimez pas? Ah! que je suis malheureuse! s'écrie Véronique fondant en larmes.

— Non! et cent fois non! je ne vous aime pas, et ne vous aimerai jamais.

— Hélas! pourquoi donc, il y a un instant, m'assuriez-vous du contraire en m'inondant de caresses trompeuses; pourquoi avoir abusé de ma faiblesse; enfin, m'avoir déshonorée?

— Quelle affreuse calomnie! s'écrie Georges hors de lui et jetant sur la jeune fille des regards d'indignation; sans doute qu'en pénétrant chez moi cette nuit, et à mon insu, vous comptiez sur ma faiblesse; puis, m'accuser ensuite de séduction, me contraindre à vous prendre pour femme? Eh! bien, vous vous êtes trompée, car le mépris est le seul fruit que vous aurez receuilli de cet odieux subterfuge.

Rien ne peut dépeindre le désespoir que ces paroles occasionnent à Véronique; les sanglots les plus douloureux s'échappent de son sein, ses mains meurtrissent son visage, les noms d'infâme, d'affreux suborneur, de perfide, se pressent sur ses lèvres, et viennent frapper les oreilles de madame Saint-Géran qui en ce moment entrait furieuse et tremblante. A son aspect, Véronique quitte sa place et court se jeter à son cou en s'écriant :

— Madame! sauvez-moi, ayez pitié de moi, le monstre refuse de m'épouser après m'avoir deshonorée!

— C'est faux! s'écrie Georges pâle et furieux.

— Vous l'entendez, madame, il renie son crime, et moi je jure par Dieu, par tout ce qu'il y a de plus saint au monde, que l'indigne profitant de ma faiblesse, de l'amour que j'avais pour lui, m'a rendue coupable en promettant de m'épouser.

— Quelle audace! reprend Georges, gardez-vous, madame, d'ajouter foi à cette imposture. Cette fille a pénétré ici en mon absence, sans que rien de ma part autorisât son audace, et cela, afin de m'accuser de séduction, et de jouer l'infâme comédie dont elle vous rend témoin.

— Taisez-vous, monsieur, dit à son tour madame Saint-Géran en fixant Georges avec colère et dignité, je connais trop la candeur, la timidité de mademoiselle Goyo pour croire que sa seule volonté l'ait amenée chez vous; ce sont vos ruses qui auront entraîné cette pauvre enfant dans le piége infâme que vous tendiez à son innocence. Vous l'avez séduite, monsieur, vous devez réparer son honneur; sinon, vous êtes le plus affreux des hommes.

— L'épouser? jamais! Julie seule....

—N'achevez pas, reprend madame Saint-

Géran, ma fille est perdue pour vous; votre odieuse conduite vous a rendu indigne de sa possession.

Frappé au cœur par ces funestes paroles, Georges s'apprêtait à répondre, lorsque la porte s'ouvrit brusquement pour laisser apercevoir madame Goyo dans un désordre complet, suivie de sa servante, et jetant des cris affreux.

Véroniqne a de suite quitté madame Saint-Géran pour se précipiter, en larmes, dans les bras de sa mère.

— Ma fille! ma Véronique! que s'est-il passé? le scélérat aurait-il consommé son infâme projet? Parle, ma mignonne, confie à ta mère tes secrets et tes douleurs. Et toi, polisson! c'est donc ainsi que tu débauches les filles de famillle? mauvais sujet! séducteur! infâme!

— De grâce, madame, ne criez pas si haut, répond Georges s'éloignant de quelques pas afin d'éviter l'attouchement du poing que madame Goyo lui place sous le nez.

— Réponds, brigand, que prétendais-tu faire en attirant chez toi cette jeune vierge? la profaner, n'est-ce pas?

— Et le monstre n'a que trop réussi, répond madame Saint-Géran.

— Est-il possible?

— Hélas! oui, maman, il m'a deshonorée!

— Dieu des cieux! le misérable! avoir fait pareille chose à ma fille! Mais ma Véronique, es-tu bien sûre que le scélérat ait poussé l'audace jusqu'au bout?

— Hélas! oui, maman, je n'en suis que trop certaine, et ce qui me chagrine, c'est qu'il ne veut plus m'épouser après l'avoir promis.

— Il t'épousera, ma fille, ou je l'attaque devant les tribunaux et le poursuis à outrance. Ma chère madame Saint-Géran, décidément vous ne pouvez plus accepter ce monstre pour gendre, mais soyez tranquille, je vous prêterai les cinquante mille francs qui vous sont nécessaires : vous et votre fille gagnerez doublement à ce malheur, seulement plaignez-moi d'être forcée de donner ma fille à ce suborneur, et de l'appeler mon fils.

— Allez au diable! vous et votre impudente fille! s'écrie Georges qui, stupéfait et en silence, venait d'entendre les menaces insolentes de madame Goyo; ensuite se tournant vers la mère de celle qu'il aime, Georges la supplie en grâce de vouloir bien écouter ses excuses; puis, proteste de nouveau de son innocence, de son sincère et unique amour pour Julie. Mais Véronique dont ces paroles irritent le désespoir, prend le ciel à témoin de la vérité de son accusation et termine en racontant tous les détails de ce qui s'est passé entre elle et Gustave, mettant l'aventure sur le compte de Georges qu'elle confond avec le véritable séducteur.

Madame Saint-Géran recommence par accabler le jeune homme des plus sanglans reproches. Madame Goyo, au comble de l'exaspération en entendant réfuter avec force l'accusation portée par sa fille et repousser sa main avec un tel mépris, s'emporte de plus en plus, et les poings sur les hanches, menace le jeune homme de tout le poids de sa juste vengeance; le tout, en craint à fendre la tête. Georges poussé à bout, ne se connaissant plus, ordonne à la mégère de sortir de chez lui à l'instant même; loin de se rendre à cette invitation, madame Goyo n'en crie que plus fort : à ce bruit, se joignent les prières et lamentations de Véronique, les malédictions de madame Saint-Géran, les imprécations de Georges, qui, dans sa fureur, brise chaises, tables et porcelaines.

Ce tintamare affreux, non seulement attire les locataires de la maison, qui bientôt encombrent l'appartement, mais encore amasse les passans dans la rue. Madame Goyo, dans son transport furieux, proclame l'aventure à haute voix, en instruit la maison, le quartier, demande justice, menace d'appeler toutes les personnes présentes en témoignage, comme quoi un scélérat, après avoir trompé sa jeune et vierge Véronique, ose refuser de la prendre pour femme avec cent mille francs et plus s'il le fallait.

Chacun s'extasie sur le chiffre de la dot, puis, arrivent d'autres voisins en robe de chambre, le bougeoir à la main, venant s'informer de la cause de l'affreux tapage qui trouble leur sommeil, et jurant de porter plainte le lendemain devant le commissaire de police du quartier.

Georges, étourdi par les cris, les reproches et les menaces de chacun, ne prévoyant pas de sitôt la fin de ce ridicule scandale, se décide enfin à quitter la partie : alors, fendant la foule, il sort de l'appartement, franchit l'escalier, et parvenu dans la rue, s'éloigne avec rapidité.

XVIII.

Incidens divers.

Les premiers rayons du jour découvrirent Georges errant, accablé de douleur et de fatigue, dans les Champs-Élisées où l'avaient conduit mille et un détours.

Peu envieux de rentrer à son logis où

sans doute l'attendaient quelques nouveaux désagrémens, il se laissa tomber sur un banc, la tête brûlante, et se livra aux tristes réflexions que lui inspirait le fatal événement de la veille. Le souvenir de Gustave vint alors se présenter à sa pensée, et malgré la froideur avec laquelle ils s'étaient séparés lors de leur dernière entrevue, Georges résolut de se rendre chez son ami, afin d'y goûter quelques instans de repos et lui conter sa mésaventure.

Gustave dormait encore lorsque son groom vint l'éveiller et lui annoncer Georges. Le jeune homme surpris d'une visite si matinale, ne put se garantir de l'inquiétude qui vint l'assiéger en songeant aux aventures de la veille: mais se remettant aussitôt, il accueillit son ami le sourire sur les lèvres, en se félicitant de sa présence chez lui.

— A quel heureux hasard attribuer ta présence à cette heure, mon cher Georges?

— Au démon, à l'enfer qui depuis hier m'ont chassé de chez moi.

— Oh! oh! qu'est-il donc arrivé? comme tu es pâle, défait, explique-toi! de grâce, hâte-toi de me rassurer?

Georges s'empresse donc d'instruire Gustave de l'événement de la veille, de l'accusation de Véronique, de la colère de madame Saint-Géran, et de l'embarras où le plonge cette désagréable aventure.

Gustave en écoutant, joue la surprise, plaint son ami, le rassure, en riant, sur les suites de cet accident qu'il traite de bagatelle, puis offre au jeune homme de se rendre lui-même près de madame Saint-Géran et sa fille, de les désabuser, de plaider la cause de l'amitié. Georges refuse Gustave, parce qu'il se propose de s'y rendre lui-même, espérant faire aisément revenir la dame sur une accusation aussi injurieuse que ridicule, et ajoute qu'il a trop de confiance dans l'amour que Julie lui a sans cesse témoigné, pour croire que cette charmante jeune fille puisse ajouter foi à de telles calomnies.

— Prends garde, reprend Gustave, souvent le dépit rend les femmes injustes, et plus d'une a sacrifié, à son premier mouvement, le bonheur de sa vie entière.

— Oh! j'espère bien prévenir ce malheur, répond Georges.

— Je le pense, dit Gustave, du moment que tu expliqueras par quel hasard, cette petite Véronique s'est trouvée dans ta chambre.

— Voilà, par exemple, ce qui me serait fort difficile, car je suis encore à le demander.

— Quoi! vraiment, tu ne te rappelles pas avoir jamais encouragé la petite à cette démarche ni lui en avoir facilité les moyens.

— Plaisantes-tu? répond Georges fixant Gustave avec étonnement, serais-je aussi tourmenté et aussi furieux si j'avais provoqué pareille aventure?

— Or donc! tu te sens à l'abri de tout reproche, même de celui d'avoir profité de la faiblesse de la belle?

— Sur l'honneur! s'écrie l'ami.

— Alors, mon cher, tu as cent fois plus de vertu que ton serviteur; car malgré tout l'amour que m'inspire ta délicieuse et cruelle cousine, je crois qu'il m'aurait été impossible de résister à la tentation et de ne point profiter de la circonstance, au risque d'en éprouver, après, tous les remords qui doivent assaillir un infidèle. Il est vrai que dans cette occasion toute la faute en serait retombée sur madame Surville, cette vertu austère, qui chaque jour double mon martyre, en éloignant sans cesse l'instant de notre union, sous le prétexte qu'elle ne me juge point assez mûr pour le mariage. Cependant, je suis presque certain d'être aimé, et pendant ce temps je dessèche d'amour et de désirs.

— Pourquoi te plaindre? si tu es aimé, tôt

ou tard tu seras heureux, tandis que moi!...

— Toi! dit Gustave l'interrompant; pourquoi ne le serais-tu pas? Si Julie t'aime, renoncer à toi serait faire son propre malheur, se punir de ton inconstance supposée; va, crois-moi, elle se gardera bien de commettre une telle imprudence. Maintenant, mon cher, je te conseille d'éloigner tes craintes puériles, de profiter de mon lit, pour goûter quelques instans de repos et ramener l'incarnat sur ce visage aussi pâle que défait, tandis que dans ton intérêt et pendant ton sommeil, je me rendrai chez madame Saint-Géran, afin de flairer l'air du bureau, et tenter d'appaiser les premiers transports de sa superbe colère.

— Soit : j'y consens de grand cœur, répond Georges; même je t'engage fortement à te présenter d'abord chez cette dame Goyo, à y voir Véronique et chercher à obtenir d'elle l'explication de sa conduite et son désaveu, s'il est possible.

— Hum! j'essayerai; mais je ne crois guère la chose facile, enfin, je te promets de déployer dans cette mission toute l'adresse dont je suis doué. Repose en paix en attendant mon retour, et surtout ne t'éloignes pas sans m'avoir revu.

Quelques instans après, Gustave ayant quitté Georges, dirigea ses pas vers la rue Charlot et la demeure de madame Goyo. Il arrive, la dame est seule visible ce matin; le jeune homme introduit près d'elle la trouve dans un désordre extrême, le visage enflammé, le regard furieux, et gesticulant comme un télégraphe.

— Vous ici, monsieur? s'écrie-t-elle en apercevant Gustave; venez-vous m'annoncer le repentir et la soumission de votre monstre d'ami? consent-il enfin à réparer son crime, à devenir mon gendre? hâtez-vous de répondre, de procurer à ma malheureuse enfant quelques consolations.

— Mille pardons, madame, si je ne m'empresse de remplir vos désirs, mais j'ignore complètement en quoi mon ami a pu vous offenser et la raison qui nécessite si vivement son alliance avec mademoiselle votre fille.

— Comment! monsieur, après ce que je viens de dire vous ne vous doutez de rien?

— Je vous jure que non, madame.

— Alors, monsieur, sachez que la concupiscence a porté votre indigne ami à une action infâme.

— Infâme! le mot est fort, madame?

— Il ne l'est pas assez, monsieur, lorsqu'il s'agit de la perte d'une innocente créature, qui sans lui serait encore au rang des vierges.

— Oh! ciel! que m'apprenez-vous, madame? quoi! mon ami aurait osé méconnaître à ce point les lois de la probité? mais non! cela ne se peut, Georges connaissait à peine mademoiselle votre fille et son cœur est enchaîné ailleurs.

— Cela n'a pas empêché le monstre,

quoiqu'en aimant une autre, de me faire demander la main de ma fille par une gueuse de marquise, qui chargée, sans doute, de tourner la tête à ma pauvre enfant, s'acquitta si bien de l'infâme mission, qu'hier soir elle livra la chère innocente aux griffes de ce vautour.

— Quelle horreur ! s'écrie Gustave, et qu'est-il résulté de ce guet-à-pens ?

— Des choses révoltantes, monsieur ; enfin, une accointance charnelle.

— Pas possible !

— Que de trop, hélas ! eh ! qui ne redouterait pas les suites de cette violation ? qui sait, s'il ne résultera point un fruit infortuné de ce coupable commerce ; alors, que deviendra ma fille ? elle, si pure, si chaste, qui faisait l'orgueil de son sexe et celui de sa mère ?

— Ce qu'elle deviendra, madame, répond Gustave ; l'épouse de son séducteur !

— Je n'ose l'espérer, monsieur, car le traître nie son crime, accuse Véronique d'imposture et repousse sa main. Que faire alors? comment obtenir une réparation? Ah! si M. Goyo vivait encore!

— En lui vous auriez un vengeur, n'est-ce pas? eh bien! madame, c'est moi qui près de vous remplacerai un époux, si vous voulez bien le permettre.

— Généreux jeune homme! s'écrie madame Goyo en saisissant la main de Gustave et fixant sur lui des regards qu'elle s'efforce de rendre expressifs; oui! j'accepte votre dévouement et remets en vos mains tous les droits que possédait mon époux.

— Je les accepte, ô mère infortunée! mais ne prétends en user que pour rendre l'honneur à ta fille, et dans son suborneur, lui donner un époux.

A ces mots, madame Goyo ne se sent pas de joie, et dans son transport sautant au cou de Gustave, lui applique sur la joue un gros et bruyant baiser dans l'intention, sans doute, de l'encourager à user envers elle de la plénitude des droits qu'elle vient de lui remettre, mais le jeune homme peu soucieux d'un tel avantage, reste froid aux caresses de la dame, puis, craignant un nouvel assaut que le tête-à-tête et la reconnaissance semblent rendre inévitable, il demande à voir l'infortunée victime de son trop coupable ami.

— La pauvre enfant sommeille, répond madame Goyo ; une nuit passée dans les larmes, rend son repos trop nécessaire, pour qu'on puisse la réveiller ; venez ce soir dîner avec nous, et nous rendre compte de vos démarches amicales ; vous la verrez alors, si cependant elle se sent le courage de soutenir votre présence, chose que j'espère, lorsqu'elle saura l'intérêt que vous prenez à son malheur et votre zèle à vouloir le réparer.

Gustave redoute trop l'ennui pour accepter l'offre du dîner, et se dégageant adroitement de cette invitation, promet de revenir le lendemain, puis s'éloigne après quelques instans encore de conversation et avoir reçu de madame Goyo l'autorisation d'élever la dot de Véronique, à la somme de cent cinquante mille francs.

Du quartier du Marais, un cabriolet conduit aussitôt Gustave chez madame Saint-Géran, où le jeune homme reçoit d'abord un accueil glacial. A son arrivée, la maman invite de suite la demoiselle à passer dans la pièce voisine. Julie obéit, mais point assez à temps, pour n'avoir pas laissé apercevoir au jeune homme la pâleur et l'air de tristesse répandus sur son joli visage.

— Veuillez m'instruire, monsieur, de ce qui me procure l'honneur de votre visite? demande d'un ton sec madame Saint-Géran.

— La mission que l'amitié m'a chargé de remplir près de vous, madame.

— Quoi! serait-ce de M. Georges que vous venez m'entretenir?

— De lui-même, madame; vous voyez en moi un ambassadeur chargé d'une amende honorable, et de traiter avec vous de la paix ou de la guerre; enfin! un homme chargé de pouvoirs sans borne.

— Je n'ai plus rien à traiter avec celui qui vous envoie, monsieur; sa conduite a détruit désormais toute alliance entre lui et ma fille.

— Chargé de vous exprimer ses regrets, d'implorer un pardon généreux, j'ose espérer, madame, que vous daignerez m'entendre et désarmer un courroux qui ferait le malheur de deux amans, si par une rigueur extrême, une éternelle séparation, vous punissiez dans mon ami, une peccadille de jeunesse, enfin, le caprice d'un moment.

— Fi donc, monsieur! taxer de peccadille, de simple folie, la ruine d'une faible fille, le déshonneur d'une famille entière! mais c'est fouler aux pieds tous principes honnêtes. Non, monsieur, non, il serait inutile d'entreprendre la justification de votre ami, sa conduite est indigne, et la lui pardonner serait faire le malheur de Julie et ravir à mademoiselle Goyo toute espèce de réparation.

— Mais, madame, qui vous prouve que mon ami soit aussi coupable que l'assure mademoiselle Véronique? pourquoi accorder à ses accusations plus de confiance qu'aux sermens que vous fit Georges de son innocence?

— Pourquoi, monsieur? reprend la dame avec impatience; parce que toutes les apparences sont contre votre ami, parce qu'une jeune personne, telle que Véronique, serait incapable d'accuser un homme d'un crime qu'elle ignorerait encore, s'il ne l'en avait rendue victime après l'avoir attirée chez lui par la ruse ou la séduction.

— Et qui vous dit, madame, que la jeune personne n'a point elle-même provoqué l'aventure, espérant en cela s'assurer un époux de son choix, dans celui qui la dédaignait?

— Cela est impossible, monsieur : de telles pensées n'entrent pas dans une tête de quinze ans; à cet âge, chez une femme, on se perd par amour et non par calcul. D'ailleurs, admettons que la jeune fille ait commis d'elle-même l'imprudence inexcusable de se rendre chez M. Dalmon, devait-il en profiter? non, mais adresser à l'étourdie de sages réprimandes, et la renvoyer chez sa mère en respectant sa vertu.

— Ce que vous dites là, madame, était de toute impossibilité.

— Pourquoi donc, monsieur?

— Parce qu'à l'âge de Georges, l'amour d'une femme est un bienfait, un charme précieux auquel il est impossible de résister lorsque l'occasion nous en livre la divine possession.

— Vous ne valez pas mieux que votre ami, monsieur.

— Beaucoup moins, madame.

— A l'avenir, messieurs, je vous dispense de vos visites chez moi.

— Ainsi donc, madame, point de grâce pour Georges ?

— Ne m'en parlez plus.

— Votre fille, madame, ne partage peut-être pas ce courroux ? en voulant punir un infidèle, prenez garde de la punir elle-même

— Julie a trop d'honneur pour ne point partager mes sentimens, et désormais M. Dalmon ne lui inspirera plus que mépris.

— Permettez-moi de douter de votre assertion, madame : l'amour est toujours indulgent envers l'objet aimé, et dans le cœur où il règne sincèrement, quelquefois il admet le dépit, mais la haine, jamais !

— Je vous répète, monsieur, que ma fille ne pense plus à M. Georges.

— Et moi, madame, je vous affirme que ses yeux tout-à-l'heure m'exprimaient le contraire.

— Si sa bouche peut vous convaincre mieux que la mienne, je consens à ce que Julie vienne elle-même s'expliquer devant vous.

— Volontiers! répond Gustave.

À ces mots, madame Saint-Géran se lève avec vivacité, et laissant Gustave seul quelques instans, revient bientôt après, suivie de sa timide et jolie fille, dont les yeux sont humides de larmes.

— Viens, ma Julie, viens apprendre à monsieur que ton cœur a cessé d'aimer celui qui s'en est rendu indigne.

— Serait-ce possible, mademoiselle? quoi! vous, si douce, si belle, vous auriez la cruauté de punir l'erreur d'un moment, de la perte de votre cœur? Georges est-il donc si coupable à vos yeux que vous le jugiez indigne d'un pardon?

— Hélas! monsieur, puis-je l'accorder à celui qui m'a trompée si cruellement? non, je ne dois plus l'aimer, puisque je ne puis, désormais, être à lui.

— Au contraire, mademoiselle, devenir votre époux est son plus vif désir, un mot de votre bouche divine, un oubli généreux, et il revient à vos pieds plus amoureux et plus soumis que jamais.

— Oh! qu'il s'en garde bien, car il ne ferait qu'augmenter ma douleur et mes regrets. Celui que l'honneur de Véronique réclame, qui s'est fait son époux, ne peut plus appartenir à une autre qu'à elle.

En prononçant ces dernières paroles, les larmes de Julie coulèrent avec plus d'abondance, et se sentant faiblir, la jeune fille qui jusqu'à cet instant était restée debout, s'appuya sur l'épaule de sa mère qui l'enlaçant de ses bras, la pressa sur son sein.

— Eh bien! madame, quand je vous disais que mademoiselle aimait encore mon ami, me trompais-je? et ces larmes n'en sont-elles pas le plus sûr garant?

Madame Saint-Géran s'apprêtait à répondre à cette interrogation, lorsque Julie sortant de son abattement répondit avec fermeté :

— Si mes larmes, monsieur, trahissent ma faiblesse et les secrets de mon cœur, c'est qu'aimant avec sincérité et sans nulle défiance, je n'ai point été maîtresse jusqu'à ce moment de maîtriser mon indignation, et qu'il m'a fallu payer d'abord par le tribut d'une vive douleur, la perte de mon amour et de mes plus chères espérances; mais désormais, la raison deviendra le guide de toutes mes actions, et bientôt le plus profond oubli me vengera d'un infidèle et de sa perfidie.

— Quelle leçon pour ce pauvre Georges! s'écrie Gustave d'une voix émue, et levant les yeux au ciel, et que cet instant d'erreur lui devient funeste; le fou! perdre un tel trésor et par sa faute! ajoute-t-il en fixant Julie et poussant un profond soupir. Ah! mademoiselle, je sens qu'à sa place je n'aurais point la force de survivre à un pareil malheur, car la perte de votre amour serait le signal de ma mort. Ainsi donc, plus d'espérance pour lui, nul pardon, et de ma démarche près de vous il ne doit résulter aucun bien pour mon trop coupable ami?

— Dites lui, monsieur, reprend madame Saint Géran, que le seul moyen de reconquérir notre estime, est de réparer le mal qu'il a causé, en devenant l'époux de Véronique.

— J'approuve ce conseil, madame, et souhaite, pour l'honneur de mon ami, qu'il y soit docile.

Ces dernières paroles de sa mère, ainsi que celles de Gustave, semblent avoir doublé le désespoir de Julie, car ne se sentant plus maîtresse de contenir ses sanglots, elle venait de s'arracher des bras de madame Saint-Géran et de sortir de la pièce avec précipitation.

— Adieu! monsieur, dit la dame en quittant le siège qu'elle occupait près du jeune homme; je vous quitte, car venaut d'être témoin de l'état affreux de ma chère enfant vous devez penser qu'il m'est impossible de la laisser seule livrée à son désespoir. En terminant, madame Saint-Géran adresse un salut à Gustave, et se hâte d'aller rejoindre sa fille, laissant le jeune homme maître de de se retirer. Gustave s'éloigne; il marche le regard soucieux et fixé sur la terre, c'est que sa conscience en ce moment lui reprochait sa fourberie, son indigne conduite envers un ami dont il ne reçut jamais que d'importans et généreux services, à qui bientôt il doit être redevable de la possession d'une femme charmante et d'une fortune immense, et dont, pour prix de tant de bienfaits, il brise sans pitié les plus chères affections.

— Ah! c'est mal, très mal! disait Gustave en lui-même, et ceci tôt ou tard me deviendra funeste. Ah! infâme Manette, pourquoi faut-il que tu tiennes en tes mains mon sort et ma liberté? Sot que je suis! que n'ai-je repoussé ses conseils; que n'ai-je agi avec franchise et ouvert mon cœur à l'ami généreux...

En songeant ainsi et marchant avec vitesse, Gustave se heurte dans une personne, lève les yeux et reconnaît Manette, dans celle qui lui barrait le passage en cet instant.

— D'où venez-vous? demande la jeune fille.

— De continuer et de perfectionner l'œuvre infernale que vous m'avez fait commencer; enfin, d'épier ce qui se passe et ce qu'on dit chez madame Saint-Géran et d'envenimer la chose et le mal.

— Bravo! vous faites, mon cher, un excellent complice.

— Vous êtes donc satisfaite de mon service?

— On ne peut plus.

Alors ma tâche est terminée; faites-en de même de nos conventions.

— Je ne vous comprends pas, répond Manette.

—C'est-à-dire que vous devez maintenant me remettre les titres qui compromettent ma sûreté.

— Plaît-il! êtes-vous fou, de m'adresser pareille demande? suis-je maîtresse de vous l'accorder? savez-vous qu'il ne s'agit rien moins que d'une créance de deux mille francs, dont je vous ai promis d'empêcher les poursuites, mais non la restitution?

— C'est différent, répond Gustave; alors, j'avais mal compris.

— Tranquillisez-vous : naturellement, je ne suis pas ingrate, vous le savez; et quoique ces titres se trouvent encore en la puissance de M. Gervais, continuez de seconder mes projets, et le jour de mon mariage avec Georges, je vous fais présent de toute la créance.

— C'est superbe! mais je ne la tiens pas encore.

— Espérez.

— Hum ! la condition du cadeau me semble bien éphémère.

Pourquoi donc ? c'est à mon adresse d'en amener la réussite ; et pour cela, n'ai-je pas plus d'une chance ? Je suis jeune, jolie, assez spirituelle ; je possède quelques biens que la générosité ou plutôt la faiblesse de Gervais doit doubler un jour. Il y a donc tout à espérer.

— D'accord ; il ne vous manque plus que l'amour de votre amant, et une autre le possède tout entier.

— Bah ! cette autre aura bientôt un mari de ma façon : Gervais n'est-il pas là ? et dès aujourd'hui même, profitant du dépit de ma rivale, ne retourne-t-il pas offrir une fortune qu'on se gardera bien de refuser.

— C'est possible ; mais Georges, plongé dans le plus profond chagrin, ne sera guère disposé à recevoir vos douces avances.

— Alors, je me tairai pour le moment, et me contenterai de me fixer près de lui, de remplir l'emploi de consolatrice ; ce rôle, je l'espère, me méritera sa confiance, puis son amitié, et de ce dernier sentiment à l'amour, entre gens de notre sexe et de notre âge, il n'y a qu'un pas : c'est à moi à le lui faire franchir.

— Démon de femme ! dit Gustave en souriant, les obstacles s'écroulent devant ton adresse et ta volonté.

— Maintenant, parlons de votre succès d'hier soir, reprend Manette. Il paraît que tout a réussi au gré de vos vœux?

— Mais, pas mal. La petite Goyo ne rêve plus que Georges et mariage; sa respectable mère implore de tous côtés un gendre ou un vengeur de l'honneur de sa fille; la Saint-Géran crie au scandale, à l'abomination ! et la belle Julie gémit à chaudes larmes en faisant semblant d'oublier l'infidèle.

— Parfait ! répond Manette. Quant à moi,

j'aiguillonne le vieillard, lui retrace sans cesse les charmes de Julie, l'honneur que lui fera une épouse aussi belle et la gloire de l'avoir emporté, à son âge, sur un jeune godelureau et les dédains de la jolie fille. Désormais, ajoute Manette, il ne s'agit plus que d'un point important, celui d'empêcher les rapprochemens et les explications; aussi conseillé-je à Gervais, aussitôt le consentement de madame Saint-Géran obtenu, d'emmener la mère et la fille dans une de ses terres, et d'y conclure tout de suite son mariage en secret et en silence.

— Très bien! voilà ce qui s'appelle perfectionner l'intrigue et la conduire à bon port, dit Gustave. Mais il se fait tard, et je ne dois pas oublier que, chez moi, attend un amant inconsolable, auquel, à regret, je vais plonger la mort dans le sein.

— A regret! s'écrie Manette en fixant Gustave d'un regard scrutateur. Eh! mon cher! ne plaisantons pas, soyons fermes jusqu'au bout; sans cela, je ne réponds plus de la liberté de l'un de nous.

— Assez, assez! tigresse, je ne vous comprends que trop; tranquillisez-vous, mon corps et mon ame vous sont tout dévoués, et si en ce moment je prends congé de votre gentille personne, c'est afin d'aller de nouveau vaquer aux soins de votre bonheur.

Gustave et Manette se séparèrent donc après être convenus de se revoir le lendemain; et le jeune homme, d'un pas pressé, regagna aussitôt sa demeure, dans laquelle il retrouva son ami plongé dans une sombre rêverie.

Georges, à l'aspect de Gustave, manifesta un mouvement de joie, et se hâta de l'interroger sur le résultat des démarches qu'il venait d'entreprendre. Mais l'infidèle messager, après avoir manifesté quelques faux scrupules, raconta à Georges que madame Saint-Géran, toujours furieuse après lui, et plus que jamais persuadée de sa culpabilité, refusait de le voir et même d'entendre parler de lui; que Julie partageait les sentimens de sa mère, et que l'une et l'autre avaient constamment refusé d'écouter la justification que lui, Gustave, s'était vainement efforcé de leur faire entendre. Ces nouvelles plongèrent Georges dans une douleur profonde. Jamais il n'avait ressenti autant d'amour pour Julie, et combien sa possession était nécessaire à son bonheur que depuis qu'il était menacé de sa perte; aussi jurait-il de tout entreprendre pour lui prouver son innocence, détruire les accusations de Véronique, et trouver l'énigme d'une aventure jusqu'alors incompréhensible pour lui et si funeste à son amour. Puis taxant Gustave de maladresse ou d'un zèle peu serviable, Georges annonça que lui-même allait se rendre chez madame Saint-Géran, tomber à ses pieds, à ceux de Julie, et les supplier de vouloir l'entendre, de lui donner, avant de le condamner, le temps et les moyens de se justifier. Tout en disant, le jeune homme réparait avec promptitude le désordre de sa toilette, afin d'exécuter aussitôt ce dessein ; mais telles n'étaient pas les intentions de Gustave, qui ne craignait rien plus que ce rapprochement, prévoyant tout ce qu'il y aurait de dangereux pour les projets de Manette ainsi que pour les siens. Après mille tentatives, mille observations, afin de changer la prompte résolution de Georges, et voyant que rien n'était capable de l'arrêter, Gustave lui proposa de l'accompagner et de le seconder dans cette entreprise. Georges, hors de lui, la tête perdue, resta muet à cette proposition ; mais Gustave, feignant de prendre son silence pour une approbation, s'empara de son bras, et tous deux se dirigèrent vers la demeure de madame Saint-Géran.

— Madame et mademoiselle viennent de s'absenter pour la journée, répond la servante, que les jeunes gens trouvent seule, au logis.

— Rentreront-elles avant la soirée ?

— Je ne sais, monsieur.

Et Gustave de se réjouir de ce contre-temps.

— Fatalité ! s'écrie douloureusement Georges. N'importe ! je ne sors pas d'ici que je ne les aie vues.

— Excusez, monsieur, mais il faut m'absenter, afin de remplir plusieurs commissions que m'ont données mes maîtresses.

— Au moins, permettez-moi d'écrire quelques lignes ?

— Impossible, monsieur : le temps me presse. Revenez demain.

— Oui ! demain, s'écrie Georges, demain !

— C'est ça, monsieur, demain ! reprend la servante avec un rire malin ; peut-être serez-vous plus heureux qu'aujourd'hui.

Puis les jeunes gens, pressés de sortir et presque poussés dehors par la chambrière incivile, s'éloignent en gémissant, l'un du profond de son cœur, et l'autre cela se devine.

Tous deux dans la rue, Georges insiste pour rentrer chez lui malgré l'opposition de Gustave ; il désire interroger son portier sur l'événement de la veille, tâcher de tirer de cet homme ou de son épouse quelques éclaircissemens et chercher à connaître si eux-mêmes n'auraient point facilité, chez lui, l'introduction de Véronique.

Gustave finit par approuver ce projet, et même accompagne son ami chez monsieur et madame Giroux, bien persuadé qu'il n'a rien à appréhender de cette démarche.

En apercevant Georges entrer dans sa loge, madame Giroux pousse un cri de surprise, s'empresse de complimenter le jeune homme et de lui faire part de la cruelle inquiétude où l'a plongée sa longue absence, et d'un violent mal de tête qu'elle a gagné cette nuit en veillant pour l'attendre ; puis, termine ses jérémiades en présentant d'un air piteux un papier ployé en quatre, qu'en ouvrant Georges reconnaît avec surprise et indignation, pour le congé en bonne forme, timbré et paraphé, de l'appartement qu'il occupe dans la maison, pour cause de bruit et scandale. Le jeune homme outré de colère froisse la feuille dans ses doigts, la jète à terre et la foule sous ses pieds; ensuite, adressant d'un ton sévère la parole aux deux époux, les accuse d'être les principaux auteurs de l'événement ridicule de la nuit dernière, de s'être laissé gagner par l'appât d'une vile récompense, et d'avoir, sans sa permission et à son insu, introduit Véronique dans sa chambre.

Vainement, M. et madame Giroux protestent de leur innocence et prennent le ciel à témoin; rien ne peut dissuader Georges de leur culpabilité. Alors, madame Giroux, qui avec effroi entrevoit la perte, plus que certaine, de son meilleur locataire ; enfin, d'un ménage de trente francs par mois, non compris les petits profits, ne cesse de verser des torrens de larmes et de pousser d'énormes gémissemens. Les jeunes gens ont quitté les Cerbères pour monter à l'appartement dans lequel Georges, assis dans un fauteuil et la tête penchée, ne fait que se plaindre et gémir, malgré les efforts qu'emploie Gustave pour calmer cette douleur amère. L'amant affligé s'est approché de la fenêtre, et les yeux continuellement fixés sur celles de Julie, semble résolu à passer la journée entière à cette contemplation, dans l'espoir, sans doute, d'apercevoir l'objet de ses regrets ? Mais Gustave, pour qui ce passe temps n'a rien d'agréable, propose, afin d'abréger l'ennui de l'absence, de venir faire quelques tours de promenade. Georges tout entier à sa douleur rejète la proposition, Gustave insiste mais avec une telle persévérance, que l'amant désolé, se voyant forcé de céder à l'importunité, il s'arrache de son observatoire et s'éloigne malgré lui.

— Connais-tu, mon cher, l'excellent moyen de chasser le chagrin et d'oublier une inhumaine? demande Gustave à Georges à peine monté dans la voiture qui les entraîne vers le bois de Boulogne.

— Il 'nen est point d'assez puissant pour opérer chez moi un tel miracle, pour arracher Julie de mon cœur et de ma pensée, répond tristement le jeune homme.

— Tu t'abuses, il existe, reprend Gustave, et consiste à partager le dîner que t'offre un ami, et sablant avec lui bourgogne et champagne, puiser dans ce dernier une aimable ivresse, et l'oubli des maux passés et présens.

— Je te comprends, une orgie.

— Non pas! mais un joyeux dîner qui, je te jure, viendrait fort à propos, car pour veiller sur Oreste, Pylade a depuis hier observé le jeûne le plus austère. Oui, un joyeux dîner auquel je t'engage à prendre ta part.

— Merci, je n'ai pas faim.

— C'est possible, mais moi, je tombe d'inanition et me sentant appétit pour deux, je ne réclame alors que l'honneur de ta présence le peu de temps que je compte rester à table.

Arrivés au bois, Georges consent à suivre Gustave chez un des meilleurs restaurateurs de l'endroit, où ce dernier commande le dîner et les vins les plus excellens.

Ils sont à table, Georges ne goûte à rien, Gustave mange et boit non comme deux, mais comme quatre; et désireux d'étourdir son ami, l'engage sans cesse à faire honneur au délicieux nectar qu'il verse à plein verre, et que Georges repousse avec dédain.

Mais à force de vouloir montrer l'exemple, Gustave boit tant et tant, que sa tête déménage, puis commençant à déraisonner passablement, il devient d'un bruyant, d'une gaîté insupportables. Georges n'y tient plus; vainement conseille-t-il au jeune homme de se ménager davantage, de cesser ses fréquentes libations sous peine de se voir abandonné par lui; Gustave, bien loin de suivre l'avis, demande le champagne, fait sauter le bouchon, emplit deux verres, et avec cette insoutenable obstination inséparable de l'ivresse, veut contraindre Georges à lui tenir tête.

— Au diable l'ivrogne! s'écrie l'amant affligé, en repoussant le verre qui lui est présenté, et s'éloignant de la table avec vivacité : tu te plais dans cette orgie ? bien du plaisir je te souhaite, ajoute Georges; quant à moi, la disposition de mes esprits ne s'accorde nullement avec la tienne, demeure en ce lieu si tel est ton bon plaisir; mais, une affaire importante réclame mon retour à Paris, et j'y retourne, à l'instant même;

libre à toi de me suivre ou de rester à table.

Gustave que la mauvaise humeur de Georges rappelle un peu à la raison, tente encore quelques efforts pour le retenir, et les jugeant infructueux, se décide à partir, non sans murmurer contre son triste convive.

— Ils regagnent Paris; Gustave ne fait qu'un somme pendant la route et dort encore à l'arrivée. La voiture s'arrête à la porte de Georges qui, profitant du sommeil de l'ami, ordonne au cocher de le reconduire chez lui, et s'éloigne après avoir indiqué la demeure du jeune homme.

A peine la voiture commençait-elle à rouler de nouveau, que Gustave s'éveilla; surpris de ne plus voir Georges à ses côtés, il appelle le cocher, se fait expliquer la cause de cet abandon, et révoquant l'ordre qu'a reçu cet homme de le remener chez lui, se fait conduire et descendre au boulevard des Italiens.

La huitième heure du soir sonnait à toutes les horloges, lorsque Gustave, encore plus ivre et se soutenant à peine, sortait du café Anglais où l'avait entraîné la rencontre de plusieurs étourdis.

Malheureusement, madame Surville habitait encore Paris, et le diable ennemi du bonheur de chacun, inspira à Gustave la fatale idée d'aller, de ce pas, faire une visite à cette dame.

Il faisait nuit alors, et le ciel qui dans la journée avait été d'une pureté admirable, déversait en ce moment des torrens de pluie et trempait notre jeune homme jusqu'aux os, sans cependant l'arrêter dans sa marche qu'il continuait pédestrement, non sans de fréquens zig-zags. En parlant et gesticulant. Gustave atteint la rue de l'Université, où se trouve situé l'hôtel de madame Surville. Entré dans la maison sans avoir été vu du suisse, l'imprudent franchit l'escalier, traverse une antichambre, n'y rencontre qu'un valet endormi; puis, gagne le salon, enfin le boudoir où se tient habituellement la maîtresse du logis.

Gustave, sans parvenir à ouvrir la porte, tourne et retourne vingt fois la clé dans la serrure; madame Surville impatientée par ce bruit continuel, se lève, court vers la porte et recule de surprise en voyant paraître un véritable bandit, au visage pâle et défait, aux vêtemens en désordre et ruisselant l'eau de toutes parts; elle pousse un cri d'effroi, mais ensuite reconnaissant Gustave :

— Oh! Dieu, que vous est-il donc arrivé, monsieur? s'écrie-t-elle avec inquiétude.

— Rien, ma reine : seulement quelques gouttes d'eau sur mes habits.

— Ah! je vois ce que c'est, reprend madame Surville avec sévérité.

— Eh bien? qu'est-ce, qu'est-ce que vous

voyez, ma toute adorable? que je suis un peu étourdi? Mais, c'est parce que j'ai bu d'excellent vin afin d'engager un intime à m'imiter et à chasser ses noires humeurs. N'importe! n'importe, fidèle à l'amour, malgré Bacchus, je n'en viens pas moins déposer mes hommages aux pieds de la beauté.

En disant, Gustave s'avançait pour saisir madame Surville, mais elle fit un pas en arrière afin de l'éviter.

— Comment! vous me fuyez; vous allez me bouder parce que j'ai bien dîné? vous avez tort, bien tort, ma douce amie, un amant à jeun est un triste sire.

— Et un homme ivre est pour moi l'objet le plus repoussant, répond la dame.

— Diable! si j'avais pensé cela je n'aurais bu que de l'eau, et puisqu'en cet état j'ai le malheur de ne point être de votre goût, eh! bien, je pars; à demain, chère amie, nous parlerons ensemble de notre douce union, en fixerons l'heureux instant, car vraiment je meurs d'amour, je dessèche à tant attendre.

L'excellente femme, malgré le dégoût que lui inspirait Gustave, ne voulut pas en ce moment le renvoyer dans l'état où il se trouvait, craignant qu'il ne lui arrivât quelqu'accident en route; au contraire, allant à sa cheminée et en agitant la sonnette, elle fit accourir sa femme de chambre qui ne fut pas moins surprise que sa maîtresse en apercevant le jeune fou dans un pareil état; madame Surville, après avoir largement grondé du peu d'attention qu'on apportait à observer les personnes qui s'introduisaient dans la maison, ordonne qu'on apporte du thé, de la fleur d'oranger et de l'éther; puis, qu'on allume de suite du feu dans une pièce voisine, où elle fait passer le jeune homme, qu'un domestique, après la recommandation de sa maîtresse, deshabille de la tête aux pieds, et fait placer devant la cheminée après avoir affublé ses épaules d'un ample manteau. Gustave resté seul dans la pièce, l'espace de quelques instans, ne tarde pas à s'endormir sur une ottomane où, jusqu'au lendemain matin, il laissa évaporer la fumée du bourgogne et du champagne.

Mais qui pourrait peindre sa surprise, lorsque, s'éveillant au grand jour, et même assez tard, il reconnut qu'il était chez madame Surville? que sa confusion fut extrême et combien il maudit son imprudence! Comment désormais osera-t-il se présenter aux yeux de la jeune dame, et quel accueil doit-il en espérer?

Tandis qu'il donne cours à ces tristes réflexions, arrive le domestique de la veille, muni de ses vêtemens, qu'il lui présente d'un sourire moqueur.

Gustave, en s'habillant à la hâte, s'informe de madame Surville, et apprend qu'en ce moment elle est au salon.

— A m'attendre peut-être, dit-il en lui-même : gare à moi ! car je vais être, je pense, grondé d'une bonne façon.

La toilette terminée, Gustave se fait annoncer, et est introduit près de la dame occupée en ce moment d'une broderie au métier. Le premier mouvement du jeune homme, se voyant seul avec madame Surville, est de se précipiter à ses pieds :

— Pardon ! mille fois pardon, madame ! de vous avoir offensée en me présentant chez vous dans un état aussi indigne.

— Levez-vous, monsieur, répond la dame avec froideur ; vous ne pouvez encore sentir à quel point vous vous êtes écarté, envers moi, de la conduite d'un galant homme.

— Hélas ! madame, je ne puis trouver d'expressions assez fortes pour vous peindre mon repentir.

— De grâce, monsieur, expliquez-moi comment il se fait qu'un homme, auquel j'accorde quelque mérite, ait pu se mettre dans un état hors de raison, et se présenter ainsi devant une femme qu'il dit estimer?

— Hélas! madame, c'est en cherchant à consoler l'amitié, en voulant arracher votre cousin Georges à son désespoir, à sa douleur extrême, que je me suis mis en cet affreux état.

— Quoi! Georges a des chagrins, et n'est pas venu m'en faire part?

— Le pauvre garçon ne sait plus ce qu'il fait.

— Expliquez-vous, monsieur, veuillez m'apprendre... demande madame Surville avec inquiétude.

— Sachez donc, madame, que l'infortuné, victime d'une ruse diabolique et accusé de séduction, par une petite niaise qu'il trouva hier soir dans sa chambre, se voit, en ce moment menacé de perdre pour jamais la maîtresse chérie de son cœur.

— Votre nouvelle me surprend; car je crois mon cousin incapable d'une telle faute.

— Moi de même, madame; mais malheureusement, toutes les preuves sont contre lui.

— Folie! s'écrie madame Surville; je veux voir Georges aujourd'hui même, causer avec lui, et découvrir le mystérieux de cette aventure, qui, j'en suis certaine, tournera à son avantage.

— Il faut que je m'habille, monsieur, que je sorte; à ce sujet, veuillez vous retirer.

— Au moins, madame, qu'en me séparant de vous, j'emporte votre pardon.

— La seule manière de commencer à le mériter, monsieur, est de ne point vous rendre importun, et de sortir lorsque je vous en prie.

Gustave n'insiste pas davantage et obéit en silence, après avoir salué la dame, avec le respect le plus profond.

Honteux, et pestant de plus en plus après son imprudence, Gustave, l'oreille basse, regagne son domicile, en maudissant Manette, première cause de tous ses malheurs ; et, rentré chez lui, se met à son bureau, dans l'intention d'écrire à madame Surville, afin d'implorer de sa clémence un pardon généreux.

XVIII.

Belle vue.

— Tu pleures, ma pauvre enfant! que je plains ta faiblesse! un homme sans mœurs, qui jurait de t'adorer, d'être toujours fidèle, et qui sortant de faire ce serment, court aussitôt séduire une jeune et crédule jeune fille ! Ah fi ! c'est indigne ! impardonnable ! et tu regrettes cet homme-là ? folie !

— Hélas ! il m'avait forcée de l'aimer, de croire à ses sermens : comment ne le regretterais-je pas ? il paraissait si sincère ! si bon ! je croyais tant être heureuse avec lui.

— Oui, amant, il te trompait par ses beaux dehors; une fois sa femme, il t'eût rendue mille fois malheureuse. Crois-moi, ma Julie, ne résiste pas plus long-temps aux désirs de M. Gervais, deviens son épouse : il est vieux, c'est vrai ! mais aussi avec un mari de cet âge, tu règneras chez toi en dame et maîtresse.

— Oh ! ma mère ! qu'exigez-vous ?

— Ce que la raison m'inspire; ma Julie, je t'en prie, suis les conseils d'une mère qui ne veut que le bonheur de son enfant. Tu es jeune, et à ton âge, on se figure que l'amour est le premier des biens, lorsqu'il n'est sans cesse que la source de toutes les peines; prends ton mal actuel pour exemple, ma fille; vois, à peine ton cœur a-t-il fait un choix et ressenti les premières atteintes d'une passion, que déja tu deviens malheureuse. La fortune! Julie, la fortune! voilà la source du véritable bonheur; avec elle, luxe, plaisirs, honneur, tout abonde, tout se soumet à nos caprices. Ne la repousse donc pas, lorsqu'elle te tend la main; ensuite, pense à ta pauvre mère, qui se fait vieille, et qu'un refus de ta part réduirait à la misère la plus profonde.

— Oh! Dieu, que je suis malheureuse! s'écrie Julie en sanglotant et levant les yeux vers le ciel.

— Julie! pense à ta mère, reprend madame Saint-Géran!

— Oui, j'obéirai, ma mère, mais pour vous, rien que pour vous; Georges! Georges! pourquoi m'avoir trompée!

— Allons, mon enfant, sèche tes larmes, tu sais que Gervais doit venir aujourd'hui nous rejoindre, à cette petite maison de campagne qu'il nous a donnée pour refuge, afin d'échapper plus sûrement aux recherches et importunités de ce Georges; sèche tes larmes, te dis-je, il ne faut pas qu'il s'aperçoive que tu as pleuré, cela lui ferait trop de peine... il t'aime tant! Viens mon enfant embrasser ta mère.

La jeune fille obéit, mais c'est envain que madame Saint-Géran s'efforce à vouloir tarir des larmes dont la source part d'un cœur douloureusement blessé, et qui ne cessent de se succéder avec abondance.

— En vérité, Julie, tu m'affliges cruellement, mon Dieu! ce que j'exige de toi est-il donc si terrible? et le souvenir d'un ingrat, d'un homme qui ne peut plus t'appartenir, doit-il ainsi captiver ta raison, et te coûter de tels regrets?

— Hélas! si vous eussiez daigné l'entendre une seule fois, écouter sa justification, l'expression de ses regrets, peut-être vous aurait-il désabusée?

— Qu'oses-tu dire, Julie? le recevoir, l'écouter! y penses-tu ma fille, ou plutôt oserais-tu douter de sa culpabilité? ce serait alors te méfier de ta mère. N'ai-je pas été témoin de sa perfidie, des larmes que versait sa victime, n'ai-je point entendu Véronique l'accuser de son déshonneur, et la mère de cette infortunée ne t'a-t-elle point instruite de l'infâme manége qu'employa le suborneur pour attirer chez lui celle dont-il méditait la perte? Et tu doutes encore, Julie? tu souhaiterais entendre sa bouche soutenir effrontément son innocence et t'assurer qu'il n'a jamais aimé que toi. Quelle faiblesse! va, crois-moi, l'honneur te fait un devoir d'oublier celui qu'une autre réclame comme époux. Du courage, ma fille, et si tu aimes ta mère, cesse de l'affliger par l'aspect de ta douleur.

La roulement d'une voiture entrant dans la cour de la maison, interrompit l'entretien de madame Saint-Géran avec sa fille. La dame, après avoir jeté un coup-d'œil à la fenêtre reconnût Gervais dans le personnage qui,

en ce moment venait les visiter. Elle enga-
Julie à monter dans sa chambre faire un peu de toilette et donner à ses yeux le temps de perdre le vif incarnat dont ils étaient empreints.

La jeune fille que la nouvelle de l'arrivée de Gervais a fait pâlir et trembler, réclame aussitôt le bras de sa mère, afin d'obéir à ses ordres, se sentant incapable de gravir seule la montée.

— Eh bien! chère dame, comment vous trouvez-vous dans cette demeure champêtre? demande Gervais entrant sans façon et s'adressant à madame Saint-Géran.

— Parfaitement à l'aise, et fort bien traitée, monsieur; à peine arrivée, j'ai deviné de suite que le maître de ce délicieux séjour avait prévu tous nos désirs; car rien ne nous a manqué depuis quinze jours que nous l'habitons.

— Je suis enchanté, madame, que tout ici soit de votre goût, d'autant plus que mes intentions sont de vous offrir cette maison en faveur du précieux cadeau que je vais recevoir, dans la personne de votre charmante fille.

— Quoi! monsieur, parlez-vous sérieusement?

— Très sérieusement, madame; je vous le répéte, le jour de mon mariage avec Julie, je vous donne, en toute propriété, cette maison et ses dépendances; le tout situé à Bellevue près Meudon, ou si mieux vous aimez, cent quarante mille francs que me coûta ce bien lors que j'en fis acquisition, il y a deux ans.

— Quelle générosité, monsieur! vraiment, je ne sais comment vous exprimer ma reconnaissance! s'écrie madame Saint-Géran, au comble de la joie.

— Mais où est donc ma belle future? je brûle du désir de lui présenter mes hommages : j'espère, aujourd'hui, trouver en elle moins de tristesse que la dernière fois?

— Beaucoup moins, monsieur, répond madame Saint-Géran ; Julie commence à devenir plus raisonnable, et à oublier ce Georges, Dieu merci.

— Je ne sais en vérité, chère dame, où toutes deux vous aviez la tête pour vous enticher de ce petit freluquet, un homme de rien, possédant à peine de quoi vivre mesquinement, et, à ce que m'a vingt fois répété Manette, ma servante, un des plus infatigables coureurs de femmes. Mais laissons cela, et de grâce, présentez-moi à votre belle Julie.

—Ma fille est encore à sa toilette, monsieur; permettez-moi de me rendre près d'elle, afin de hâter son retour.

— Volontiers, car je meurs d'impatience, répond l'amant suranné.

Madame Saint-Géran s'empresse donc de monter vers Julie ; mais quelle est sa surprise, lorsque espérant la trouver parée, de l'apercevoir, au contraire, encore vêtue de son négligé, de plus, assise près de son lit, la tête penchée sur l'oreiller, et abîmée dans la plus profonde douleur!

— Grand Dieu! y penses-tu, ma Julie, de te chagriner ainsi? enfant! tu veux donc toujours désoler ta mère?

En disant, madame Saint-Géran, qui s'était emparée de la tête de la jeune fille, la couvrait de baisers, puis essuyait les larmes qui couvraient son visage.

— Pardon, ma mère, pardon cent fois! mais, hélas! je ne puis m'arracher à ma douleur!

— Enfantillage! te dis-je; si tu savais, Julie comme ce Gervais est généreux et que tu seras heureuse avec un pareil homme! Apprends, ma chère amie, que, dans son ravissement, il me fait présent de cette maison ainsi que de ses dépendances; j'espère que voilà un riche cadeau : qu'en dis-tu?

— Ma mère, je ne puis souffrir cet homme: ses bienfaits m'humilient.

— Alors, tu retires la promesse que tu

m'avais donnée, tu renonces à l'épouser ; et, sans pitié pour ta pauvre mère, tu la livres à toute la rigueur de cet homme, à la honte, à la misère? Oh! que c'est mal récompenser ma tendresse, Julie! Julie!

— Non, non! s'écrie la jeune fille avec désespoir, en voyant couler les larmes de sa mère et se précipitant à son cou, j'obéis! disposez de moi! et soyez heureuse!

— Enfant! dis-tu bien vrai, cette fois? reprend madame Saint-Géran en l'entourant de ses bras et la pressant sur son sein.

— Oui, oui! ma mère! votre bonheur! tel est mon vœu le plus cher.

— Pauvre petite! le ciel te bénira. Mais sèche tes pleurs, ma Julie, deviens raisonnable, oublie un homme indigne de ton amour, et n'existe plus désormais que pour embellir l'existence de ta mère et celle de l'homme généreux qui en ce jour, ne rougissant pas de notre pauvreté, nous adopte pour famille en nous comblant des dons de la fortune.

En ce moment une servante vint interrompre l'entretien en frappant à la porte, et engager les deux dames à descendre au salon, où monsieur Gervais s'ennuyait fort de leur longue absence. Madame Saint-Géran renvoya cette femme après l'avoir chargée de ses excuses, et de demander au vieux futur quelques instans encore. Une demi-heure suffit ensuite pour achever la toilette de Julie, et la mère et la fille entrant au salon arrachèrent Gervais au profond assoupissement dans lequel l'avait plongé leur attente.

— Mille excuses, monsieur, d'avoir tant tardé, mais cette chère Julie éprouvant une migraine affreuse, s'était jetée sur son lit afin de goûter un moment de repos que ma présence a troublé.

— En effet! mademoiselle paraît souffrante, abattue. Diable! diable! tant pis, cela altère son charmant visage, dit Gervais s'avançant au devant de la jeune fille. Pardonnez-moi, ma toute belle, d'avoir troublé votre sommeil : si je l'avais connu j'aurais désiré qu'on le respectât.

— Oh! Julie est mieux maintenant, répond madame Saint-Géran.

— Alors, ma divine, dit Gervais, daignez lever ces beaux yeux vers le plus brûlant de vos adorateurs, vous asseoir et m'entendre.

Et la mère et la fille se rendirent à cette invitation.

— Ainsi donc, ma toute belle, à ce que m'assure madame votre mère, vous consentez définitivement à devenir mon épouse?

— Oui, monsieur, répond Julie en tremblant et d'une voix émue.

— J'en suis ravi, ma charmante, et j'ose affirmer que vous ne vous en repentirez pas; je suis riche, plus riche qu'on ne pense, et toute ma fortune paiera le don de votre jolie main.

— Hélas! monsieur, a-t-on besoin de tant d'or pour être heureuse? dit Julie, en soupirant.

— Oui, ma toute belle, je soutiens qu'il n'y a que cela qui puisse rendre la vie supportable; qu'en pensez-vous madame Saint-Géran?

— Je suis entièrement de votre avis, mon cher monsieur.

— Ah! quelle joyeuse vie nous allons mener; premièrement, ma divine, je veux que par votre toilette, vous éclipsiez toutes les autres femmes, que notre maison, notre table soient magnifiques et le rendez-vous de la meilleure société, que vos caprices soient des lois, que tout cède à vos desirs; enfin, que vous soyez la femme la plus heureuse, comme vous êtes la plus belle du monde.

— Ah! que de bonheur t'attend, ma chère Julie! s'écrie madame Saint-Géran, au comble de l'ivresse.

— Et des chevaux! une voiture!

— Assez! assez! monsieur, dit vivement Julie en interrompant Gervais; ne croyez pas m'éblouir par le récit pompeux de vos richesses, car, dans mon époux, je n'ambitionne que les égards et l'estime, et si je vous suis chère, que ma possession soit le plus grand de vos desirs, hâtez-vous donc, monsieur, de conclure cet hymen.

— De suite, ma toute belle; dès ce soir je vous mène chez mon notaire pour signer le contrat, et dans huit jours vous serez ma chère femme, répond Gervais en se frottant les mains.

— Je souhaite aussi, monsieur, que notre union se fasse sans éclat, sans bruit et dans cette maison.

— Pourquoi donc? mais je vous trouve trop modeste: au contraire, je veux célébrer dignement un si doux nœud, je veux des fêtes, une foule nombreuse, promener et montrer ma femme en tous lieux.

— Non! non! de grâce, cédez à ma prière, s'écrie Julie les mains jointes.

— Vous l'exigez sérieusement?

— Je vous en supplie, monsieur.

— C'est dommage! mais j'ai juré que vos volontés seraient des ordres et je dois m'y conformer: commandez donc, ma toute belle, et votre esclave obéira.

— Merci, monsieur, merci, répond tristement la jeune fille.

— Au moins, ce soir nous irons chez le notaire?

— Je desirerais qu'il vint ici.

— Soit! je l'amènerai demain.

La conversation continue, la journée se passe, Gervais a partagé le dîner des deux femmes, a beaucoup parlé surtout de son amour, des soins dont il compte entourer son épouse future, et tout cela sans réussir à faire éclore un sourire sur les lèvres de Julie, non plus que sans pouvoir captiver un de ces regards, ordinairement si expressifs mais maintenant si morne et si abattu.

FIN DE LA SECONDE PARTIE.

www.ingramcontent.com/pod-product-compliance
Lightning Source LLC
Chambersburg PA
CBHW070925230426
43666CB00011B/2308